TALENTS DE LA
CITE DE DEMAIN

Fils d'un ouvrier agricole devenu paysan, admissible à l'Ecole Normale Supérieure, ingénieur diplômé des Arts et Métiers, de l'Ecole des Moteurs, titulaire d'un DEA énergétique de l'Université Paris VI, il travaille au Centre Technique de Renault, puis dans la Formule Un chez Renault-Sport et Ferrari. Accumulant 18 titres de Champion du monde de F1, il quitte cet univers qui perd son ADN. Explorateur, engagé, curieux, au seuil d'un monde nouveau, il écrit sa conception d'une vie solidaire tournée vers les autres.

NOËL CAVEY

Talents de la Cité de demain

LE CITADIN PENSE

LA CITE DE 2050

ESSAI DEUXIEME

Editeur : BoD – Book on Demand,
12 / 14 rond-point des Champs Elysées, 75008 Paris
Impression : BoD – Book on Demand, Allemagne

ISBN : 978-2-322-18472-9

Dépôt légal : Septembre 2019

A Aurore, ma filleule

A Dominique, ma femme

Aux *"petites mains"* du ceerf 2017

Cela pourrait devenir des initiatives locales.

Aux élus, pour qu'ils les *conduisent par délégation*

Comprendre la Cité et percevoir son âme, exige de commencer par son climat, ses paysages, ses agoras, ses habitants et leur déhanchement, avant de parcourir les livres. Le vrai philosophe essaie ainsi l'expérience de penser librement, pour soi, assumant un risque.

A Georges, Paul, Michel, Emmanuel, Robert et tant d'autres, philosophes, instituteurs et professeurs, qui éveillèrent le gamin de la ruralité. Je leur dédie cet essai avec un espoir de sauvegarder ce qui est encore sauvable de la citadinité et de la démocratie abîmées, et de redonner le pouvoir au politique.

Préface de l'auteur

"J'aime les paysans[1], ils ne sont pas assez savants pour raisonner de travers". Montesquieu

Fils d'ouvrier agricole à la naissance, explorateur, engagé, curieux de la vie, je médite l'idée des talents de la Cité de demain, j'ai mes raisons. De culture paysanne catholique, ma famille tint une toute petite ferme agricole dans le Cotentin, où j'appris une vie simple de bonheur, d'extrême pauvreté, hors de toute modernité. Je débutai ma vie en l'an zéro de l'agriculture encore sans pétrole, sauf la lumière électrique, on puisait l'eau encore potable à la fontaine au bout du chemin empierré. Vie peu épuisante, sobre, mains calleuses du paysan, vente du lait pour l'économie, jardin, bassecour, voisins, rencontres, bavardages, les portes toujours ouvertes. Pas d'emprunts, on achetait quand on avait le sou, le travail se partageait toujours entre voisins. On cultivait *"bio"* sans le savoir et le mot *"écologie"* était inconnu. Littérature et philosophie n'existaient pas, bien inutiles.

À mes quatorze ans, mon père me dit : *"Part, va travailler dans les bureaux, il n'y a plus rien à faire*

---

[1] Cette citation décrit le légendaire bon sens du paysan, il est dû à un contact étroit avec les choses de la réalité. Leur vision des choses plus simple et plus globale est plus juste, plus réaliste. C'est la condition essentielle à un esprit logique. Les spécialistes sont par contre généralement confrontés à une trop grande complexité de la réalité, ils en perdent la compréhension et la communication. Un homme de grande culture trouvera sans doute plus facilement un langage commun avec le paysan que l'un et l'autre avec le technocrate prétentieux ou l'idéologue, d'autant plus imbus de leur supériorité qu'ils ont perdu le sens commun.

ici", ce que je fis. La professeure insistait : *"tu seras ingénieur"*, j'ignorais le job, je l'acceptais avec le savoir nécessaire à acquérir. Depuis, l'âme du village expire, de soixante fermes, elles sont quatre, et beaucoup de terres en friche. Le gamin illettré entra alors dans le vif de la grande école et de la ville, égaré ; l'enseignement des sciences aida, il fut le précieux repaire. Cancre en lettres et philosophie, je vainquais un complexe d'infériorité par l'honneur opportun de la notation scolaire et je me prouvais le meilleur par un effort supérieur aux autres, je n'avais pas le choix. J'eus de grands succès comme mon admissibilité quatorzième à l'Ecole Normale Supérieure, l'objectif demeurait autre. L'illettrisme pas résolu, glorifié de diplômes mais gauche, j'affrontai le regard supérieur de ceux qui s'égoïsaient de savoir livresque, mais qui n'avaient pas l'expérience d'études et de travaux à la ferme, sans avoir pris de vacances, les racines de ma vie. Ces intellectuels péroraient, ils ne parlaient pas.

Quelques personnes comprirent la situation, elles me dirent une méthode que j'explorai pas à pas, je voulais tout savoir. Je lus avec avidité. Parmi celles-ci, il y eut deux rencontres notables. Une première en Mai 2002 qui fut le déclic, avec Georges anthropologue reconnu. Je lui relatai mon parcours, Ferrari attire et il me suggéra : "tu devrais écrire un livre sur la Formule Un, pas sur la technique, mais sur ce monde." Plus tard, je quittais la Formule Un après deux décennies passées. Suite à cela, j'osai un livre, Georges me guida. Après cinq ans, <u>la Formule Un est-elle finie ?</u> reste un travail inachevé, il recherche les talents de la mobilité de demain. La deuxième en Avril 2016, avec Emmanuel, ministre philosophe, il ose, face à deux cent personnes de sa ville. Les mots de son discours, je regardai par hasard la télévision ce soir-là, furent une évidence : il brisait une normalité politique léthargique et ouvrit la friche, ce fut l'instant de jouissance. Depuis lors je médite, noircis mes petits cahiers. Éclairé de subir les choix imposés, phase fertile d'un instant de vie, je crée une association en 2016 que je préside en 2017 jusqu'au succès. Je publie <u>notes d'introduction à l'association idéale</u>, suivi de <u>talents de la Cité de demain</u> renforcé par l'exemplarité d'action et un parcours professionnel dans une *"dream-team"*.

L'idée est née, trois décennies sont nécessaires pour bâtir <u>la Cité de demain</u>, parfaite ou imparfaite, mais mieux que médiocre et mauvaise ; ne plus laisser la Cité aux mains d'incapables jouant avec un système qu'ils ne maîtrisent plus ; le temps du <u>one-man-show</u> sur scène est révolu. Le concept est <u>l'intelligence collective</u>, le dessein de la Cité n'est plus au faîte de sa pyramide, mais s'étale à tous ses niveaux, **<u>le Citadin pense, l'élite exécute !</u>** L'association idéale reconnaît chaque Citadin différent, sans hiérarchie ni exclusion, au cœur de la Cité, dans <u>un incubateur d'idées</u> ouvert dont <u>l'élite s'approprie l'aubaine</u> et concrétise. La grammaire est à régler pour une cohésion, parler un même langage, éviter des dissidences, permettre une croissance du savoir. Cet essai est un plan pour construire avec succès <u>une cité de demain soutenable</u> avec sa démocratie évoluée. Il repose non plus sur l'effet de la foule ou de la mode, mais sur la diversité de tous qui s'écoutent, se comprennent leurs désaccords, et s'enrichissent ainsi pour oser innover.

I

Quels talents

"L'idée de l'avenir est plus féconde que l'avenir lui-même" Henri Bergson

– l'intelligence –

Ce livre a le sens d'une vie, d'une réflexion, hier en marchant, en observant, en écoutant, en méditant. Aujourd'hui en écrivant des mots pour changer le monde. La Cité n'a pas de propriétaires mais l'intérêt collectif des Citadins qui dépasse les intérêts particuliers. Les mots, alliage complexe de paysan et d'ingénieur, sont écrits crûment avec audace sans ambages sans précaution. Limpides ou cruels, ils irritent car l'essai ose. Il brise la grammaire du décryptage de la Cité trop souvent chiffonnée, il la réécrit. L'essai va aussi loin que possible, il est un regard curieux sur la Cité et sa gouvernance. Il va encore plus loin, il enseigne une rupture sans ambigüité et provoque une utopie, un rêve, celui où les citadins se donnent la main. Des règles sont décrites, elles entraînent sans discrimination, sans différence de sexe ni de couleur, sans apartheid ni clivage, sans distinction de religion, dans un enrichissement mutuel, la faculté intelligente d'écouter l'autre différent de moi. Il crée un nouveau vécu, commun, irrésistible, partagé sans dissidence, pour innover la Cité que nous désirons, où le politique, les femmes et la démocratie renaissent.

Saint-Exupéry écrit : *"Si tu diffères de moi, mon frère, loin de me léser, tu m'enrichis"*. Voilà, c'est l'essence, se comprendre sans conflit et entrer dans un monde nouveau soutenable. Cela requiert une rupture fatidique. Elle est possible. Une exemplarité singulière d'une association éphémère que j'ai présidée, rend robuste la proposition ; j'ai eu conscience d'avoir participé à une œuvre commune, une part de gratuit sans rien attendre en retour, ni gloire ni honneurs, mais le don de soi, d'avoir été utile à la collectivité dans la dynamique de l'engagement. Il y eut l'expérience professionnelle hors du commun de la Formule Un qui permit tant de victoires couronnées sur des podiums notamment chez Ferrari, dans un monde entrepreneurial singulier, là où se côtoient la mathématique, la science et la magie de la vitesse, des parts de rêve, de puissance et de doute, et l'épanouissement de l'enfant qui voit arriver le miracle. Il n'y avait aucun interstice pour insérer les jugements des *"antisystème"*, personnes qui cassent les interactions sociales entre les individus, qui se déterminent par la force dans leurs propres phraséologies et ne sont qu'eux-mêmes, petits narcissiques en s'emparant l'œuvre des autres, pour leur gloire, pour le surdéveloppement de leur individualisme, avec tout que cela compte comme égoïsme et absence de solidarité, de fraternité. C'est là le contrepoids de l'intelligence collective, devant cette violence, où d'un côté, les populistes s'opposent systématiquement à tout, de l'autre côté, ceux qui gèrent insidieusement notre vie et notre Cité, les économistes du capitalisme sauvage[2], lobbyistes à

---

[2] Adjectif repris de la notion développée par Pierre Bourdieu et

leur façon où leur court-termisme, leur financiarisation pèsent infiniment plus que l'intérêt collectif sur les enjeux sociaux et environnementaux de la Cité, de la Nation. Cet ultralibéralisme est en fait une exacerbation d'une économie de marché dont il manipule les rouages de la mondialisation ; il commet ses ravages à tous les niveaux pour s'enrichir impunément. Devant eux, tels de vaillants guerriers, se dressent les opposants d'une partie d'échecs extraordinaire entre blancs et noirs, les supposés bons et méchants, hors de portée du petit citoyen hors-jeu, oublié, réduit. Ils répandent cette perception angoissante de l'impuissance du pouvoir politique des élus dans l'opinion publique. Cet aspect est un humus de mouvements populistes et fondamentaux que l'on voit poindre comme des boutons d'un malaise. Le vrai héro dans ces conflits, le vrai sujet qui demeure, c'est l'usage de la force. Une force terrible maniée par des hommes, celle qui soumet les autres hommes, celle des mots et des images répétés en boucle par ces piètres chaines de télévision commerciale ou quelques réseaux sociaux. Cette force maniée par autrui est impérieuse sur l'âme, car l'homme affaibli est l'oublié, il est hors-jeu, c'est le petit citadin au cœur de sa cité, de la Nation, il s'en trouve isolé, perdu, car cette force qui enivre ceux qui la possèdent, l'écrase, l'anéantit sans respect, sans civisme. L'opposition entre capitaliste sauvage et populistes, constitue les becs anxiogènes d'une tenaille qui mord et fatigue la majorité silencieuse des citadins, les agresse en cherchant, par leur propagande qui offre au politicien habile un instrument de choix

---

d'autres.

pour modeler et façonner la volonté de son peuple, à les entraîner dans leurs mouvances. Ces manipulations, ces conflits, cette violence sont l'expression d'une faiblesse politique. L'intelligence collective est l'idée opportune de réunir une dynamique d'acteurs comme vecteur de progrès social grâce à un changement culturel, grâce à la maîtrise des technologies de communication, autour de finalités partagées. L'enjeu de la réunion est le contrepoids de l'intelligence collective comme stratégie de survie de la Cité et de sa démocratie. C'est l'association idéale. Cette intuition primordiale fut le principe du CEERF[3], association éphémère que je créais comme un incubateur d'idées en 2016 pour émettre des idées créatrices de progrès dans la Cité, avant que des envieux ne me détruisent pour se l'approprier.

Contemporainement, au sommet de ces constats visibles, s'amoncelle la présence vague de la révolution numérique, elle préfigure une néo-modernité nommée "intelligence artificielle" avec ses nombreux progrès prégnants. Ses algorithmes entraînent une évolution hors du commun du quotidien du Citadin, de ses modes de vie en bien et en mal, de risques de cyberattaque, d'emplois sans cesse changeants, incertains et nouveaux, et la vision curieuse et angoissante de l'avenir de l'humanité devant l'égalité des chances de chacun qui s'effritera. Un phénomène planétaire, peu palpable avance pas à pas, le dérèglement climatique du fait des activités anthropiques, sera terrible, avec en concomitance, l'extinction accélérée d'une partie de la biodiversité. Ces

---

[3] Comité d'Ecoute, d'Etude et de Rénovation de Fréjus.

observations entraînent une cohorte opportune et curieuse de propositions et de solutions dans tous les secteurs de la vie. La Cité et sa structure n'y échappent pas. Le réchauffement climatique devient une cacophonie liée à cette situation alarmante signalée par les scientifiques ; elle semble se percevoir de mieux en mieux par les humains. Des enjeux politiques d'un lobbyisme écologiste naissent pour faire face au capitalisme sauvage qui pille et pollue sans vergogne la planète. Au milieu de tout cela, l'individu est enseveli sous un amas croissant d'informations désordonnées et incohérentes. Des mouvements de foule et de mode happent l'individu qui perd ses libertés de penser. Il est empoisonné par une immédiateté de la vie. Les individus sont entrés dans une crise universelle de la précipitation. Tout le monde demande à tout le monde d'aller plus vite. Ce présentéisme effarant de vitesse, de communication, d'information, grise et épuise. Les citoyens manquent d'un espace paisible pour respirer. Tout petit repos est mis à profit pour rattraper le temps perdu. Finalement ils n'ont plus la capacité de lire dans le présent, ce que sera demain, à penser ce qui va survenir en continuation de ce qui est de l'instant. Ils sont enfermés dans un achèvement continu de l'instant présent, ils n'ont plus ni la faim ni le goût pour discerner vers quel paysage ils désirent voir émerger leur futur. Voici le débat et les questions que je me pose :

- *Que puis-je faire pour les autres ?*
- *Que peuvent faire les autres pour moi ?*
- *Que puis-je faire pour moi-même ?*

C'est une adhésion collective à un raisonnement coupable qui nous a menés dans cette situation. Mes voisins habitent la même Cité que moi. Dans cette réflexion solitaire, quoique *"marcheur"* engagé qui a un but dans la foule à la recherche de semblables, j'imagine un rôle à jouer dans une part de gratuit ; être utile, obtenir des indices pour une réponse apaisante et l'expression d'une vérité utile pour sauvegarder ce qui est encore sauvable de l'humanité, de la démocratie, du pouvoir du politique. Je ne gronde pas, je ne grogne pas, il n'y a pas de haine, il n'y a pas de revendication, mais une volonté, la même gnaque que j'avais autrefois qui me permit de sortir de ma condition de pauvreté intellectuelle, pour cette fois, m'extraire du présent et tendre vers l'option valide de futur commun d'une meilleure Cité :

> • *Où vivre implique d'accorder à l'avenir un certain statut, ce qui suppose de l'investir avec des idées, des projets, des représentations, des désirs.*

Alors, le mieux est de donner un corps matériel à l'idée que l'avenir constitue l'authentique réalité pour la Cité. Il y a plein d'espaces pour la volonté et l'invention. N'est-il pas plus vivifiant de redynamiser la notion du temps en une force historique nouvelle, plutôt que toujours exciter le spectre de fin du monde ? N'est-il pas plus sain de se donner l'occasion de prendre une grande respiration, au lieu d'attendre indéfiniment dans le temps présent, la fin de l'humanité ?

Voici l'idée, faire le pari que la Cité de 2050 sera géniale, attractive, heureuse, généreuse, sereine, si nous tentons de la construire dès maintenant sans perdre de temps, entre le futur et le présent, dans la transcendance intellectuelle et passionnelle. 2050 est le jalon fixé *a priori*, planté dans le milieu du XXIe siècle pour donner l'emplacement de la tente où se réuniront les Citadins, pour contempler les fondements de la Cité et de sa démocratie nouvelle que nous aurions créées ; nous dire l'idée du progrès réalisé, celui de la parturition progressive continue au cours des trente dernières années, en troquant le moins bon par le meilleur. Ce meilleur, nous ne le connaissons pas aujourd'hui, car il s'élaborera pas à pas dans l'imagination collective. Le meilleur sera l'œuvre parfaite ou imparfaite, réunissant nos expériences et les savoirs, mais il sera mieux que le médiocre et le mauvais, en ne s'attardant plus au passé, en s'orientant vers le futur. Avant de commencer, il faut se poser les bonnes questions :

- *Où sont les vraies narrations ?*

- *Quelles seront les effets de nos erreurs, de nos errances, de nos caprices, de nos jalousies, de nos aveuglements ?*

- *Y a-t-il une marge de manœuvre, comment et pour qui ?*

Cela suppose que nous pressentions l'avenir de la Cité en nous accordant le temps, que nous soyons entrain de l'anticiper par nos actions et nos choix. L'avenir pourrait se révéler autre de ce que nous pensons, en mieux, en pire, différent ; au fond de nous-mêmes, nous le craignons. Cette crainte est la rupture intellectuelle nécessaire et une angoisse. Est-il temps de tenter une pause et d'imaginer une Cité plus humaine ?

- *Nous ne pouvons plus laisser la Cité de demain aux mains d'incompétents jouant avec le système qu'ils ne comprennent plus.*

En fait, les décisions majeures orientant le devenir de l'humanité, sont aujourd'hui, prises par un petit nombre de personnes privilégiées d'une collectivité jouissant le pouvoir partagé par accord mutuel, comme le faisaient autrefois les princes. Sur le bord de ce tourbillon, où son centre occupé par ces décideurs qui absorbent notre futur, ***"la France gronde"***. La France gronde depuis très longtemps. Elle gronde en menant tour à tour chaque profession dans la rue car elle a peur du changement, elle a peur de la nouveauté, elle a une inquiétude peut-être bien fondée ou pas, ou pour l'idée de gronder pour gronder comme une loi immuable du syndrome des *"antisystème"*. Ma vision va plus loin, face à une politique prédatrice, la France a perdu le lien social et la capacité d'exister en collectivité. Aujourd'hui la France est paumée, elle gronde pour, on se sait plus vraiment quoi. Aujourd'hui est ce début singulier d'un XXIe siècle qui vit l'emballement anarchique de tout, où s'exprime la violence et se réveille un sentiment d'insécurité. Cela détériore l'image du personnage politique, élite de la Cité ou de l'Etat, en le vidant de sa noblesse. Qui sont-ils ceux qui grondent ? Déçus de quoi : déçus de la politique, de quelle politique ? Déçus de ne plus comprendre leur vie, leur monde. Déçus de galérer chaque fin de mois. Déçus de ne pouvoir accéder à la profusion d'objets étalés en devanture comme piégés par l'envie du turbo-consommer. Déçus de ne plus être reconnus par leurs voisins. Déçus certainement de toujours voir la politique s'identifier à la conquête de l'Etat par la force, au choc des ambitions de personnes, aux tentatives de mouler les citoyens dans le creuset d'idéologies. Déçus de leurs belles paroles. Déçus d'apercevoir des bagarres d'initiés avec leurs règles et leur langage, là où les français reconnaissent de moins en moins leurs espoirs et leurs craintes, leurs souhaits et leurs volontés. Déçus de l'effondrement du lien social, de la solidarité, de la fraternité ? Déçus de l'atomisation de l'égalité des chances ? Déçus que le monde de demain soit laissé en jachère intellectuelle à la déshérence pulsionnelle du narcissisme vainqueur, enfermés dans ce présent omniprésent, sans espoir de futur ? La France gronde toujours, mais la situation devient curieuse, chaotique, instable, volatile comme si la société se trouvait devant une faille béante d'un dysfonctionnement qui s'agrandit à chaque secousse, devenant maintenant infranchissable. C'est souvent dans ces failles que l'on se trouve manipulé. L'idée est de construire ce **pont idéal** reliant les deux rives de la faille en rapprochant les hommes. Une fois le pont bâti, la faille se comblera grâce à la solidarité et l'intelligence collective, il ne sera plus utile.

– l'état des lieux –

L'idée de cet essai est de bâtir une utopie réalisable, ce pont, pour rapprocher les hommes dans une association idéale, afin de construire, dès maintenant, la Cité de demain, sans plus de dissidences ni de failles infranchissables entre les hommes. C'est une utopie bien sûr, et un rêve aussi, un espoir. L'utopie et l'espérance sont alliées, l'utopie est l'étincelle qui permet l'espérance quand les Citadins de diverses sensibilités, motivés, disponibles, généreux, se réunissent et imaginent le dessein de la Cité qu'ils désirent. L'association permet une autorité inédite dans la Cité, car elle grandit chacun dans une démocratie réorganisée autour d'échanges du savoir. Ainsi fondée, elle est la fraternité qui vise à reconnaitre chacun. Il n'est nulle démocratie sans citoyens éclairés, sans possibilité de s'informer. Une exemplarité a eu lieu dans le quartier de Saint-Aygulf en 2017, elle fut éprouvée dans un mouvement singulier et éphémère. La démocratie locale marche grâce à l'association. L'essai *"notes d'introduction à l'association idéale"* contient l'essence du projet que je mûris, une raison d'être composée d'anecdotes. Cet essai-ci définit une grammaire, l'ensemble de règles et méthode suffisant pour que chacun se retrouve et participe au rêve sans être chahuté ou exclu, au contraire, même si ce rêve sera différent de celui qu'on aurait originellement imaginé, chacun trouvera sa part de reconnaissance dans la société humaine. La France, cette nation, ses Cités, n'est plus la propriété des princes qui nous gouvernent, ni celle de l'endogamie des politiques ni celle de fonctionnaires – brahmanes à vie – de ces castes qui copulent ensemble – aussi talentueuses soient-elles, d'un grand savoir livresque inaccessible aux paysans, mais l'affaire de tous ses hommes, femmes, blancs, noirs, beaux, moches, riches, pauvres … qui l'habitent. Le monde se cherche un nouvel avenir, un nouvel espoir ; les propositions actuelles sombrent avec la fin d'une certaine idée du progrès, à l'avantage de mots rabâchés de piètre phraséologie, de propagande des diseurs populistes. Curieusement dès qu'un néo-politique s'exprime publiquement en mots normaux, intelligents, il inquiète, il dérange, il est suspect, alors on l'écarte car il pourrait générer une confusion dans le brouillard établi. Alors qu'il éclaire le débat, on lui préfère les autres, ces diseurs. Il y a une crainte fondée dans cette confusion, parce que le futur nous inquiète ; nous craignons de ce qu'il adviendra après nous. Hier, le futur nous inquiétait car nous ne savions pas le discerner, nous nous contentions de croire au catéchisme dans lequel les connaissances scientifiques ne pouvaient que déboucher sur l'amélioration de la condition humaine, voire le bonheur. Aujourd'hui, la maîtrise des choses scientifiques est tellement démesurée et surtout incomplète, que nous en sommes devenus hyper-angoissés. Cette fois par réaction, nous exigeons la perfection, le zéro-défaut, la technologie silencieuse, propre, sobre, économe sans effet négatif dans la biosphère. Nous haïssons les coqs, les cloches des églises et le chant des oiseaux. Nous nous inquiétons de savoir si nous sommes plus libres, plus heureux avec la profusion de technologies et d'objets, car tout ce qui peut mettre en danger l'existence, nous terrorise. L'équation $1 + 1 = 3$ surprend, choque, questionne, montre la manière de tisser les mille liens de fraternité et de solidarité que constituent la vie intrinsèque de *l'homo sapiens* et le cœur de la démocratie. Améliorer aussi cette équation pour que notre monde demeure habitable. Des mille liens, s'ils sont réalisés dans l'effort de la compréhension mutuelle, devrait émerger la paix, le contraire de la peur.

Je crois que la politique devrait être une nouvelle forme de contrat social et civilisationnel, pour sortir du pouvoir politique affadi, contesté, rejeté qui se nourrit parfois de capitalisme financier dominateur pour le sauvegarder, car il ne se projette plus dans la recherche d'un avenir social et environnemental de la Cité, de la Nation. Je propose une mécanique de rupture et pose le principe que le maître du nouveau chapitre sera *"le Citadin qui pense"*.

– le peuple pense –

De la révolution agricole il y a 12 000 ans à l'an 1900, tout le monde ou presque, travaillait aux champs pour se nourrir, essence de vie. L'Art paysan consistait à tout mettre en place de façon à ce que leurs plantes reçoivent l'énergie solaire dans les meilleures conditions possibles pour leur croissance. Cette énergie solaire utilement stockée dans ces plantes et ensuite dans la chair des animaux se nourrissant de ces plantes, fournissait au monde humain son énergie. Au fil des saisons de la nature, l'homme travaillait dans le mouvement circulaire annuel fait de saisons, d'événements marquants de la vie, de religion, de guerre, de maladie, de fatigue, de blessure du corps. Il s'épuisait au travail pour manger, il mangeait pour avoir la force de travailler et cela recommençait chaque année. Pour l'agriculteur aujourd'hui, cela ne change guère, sauf que la révolution industrielle, au fil du temps, grâce aux sciences, à la contribution de matières premières du sous-sol, à l'électricité, à la métallurgie et à la chimie, a permis la création de machines suffisantes utilisant une autre énergie pour substituer l'énergie musculaire des hommes et des animaux, et le savoir-faire paysan, par une chimie artificielle pour faire croître plus vite, produire plus, protéger sans efforts les plantations, et parfois, substituer le soleil. Les scientifiques travaillent sans faille les lois de leur science, vérifient leurs hypothèses, avec toujours cette idée que $1 + 1 = 2$ est jugée parfaite, générale, gravée sur le fronton des écoles, équation immuable dans un monde où autrefois les lois des rapports entre les hommes étaient régies par les religions et les Princes-seigneurs qui obéissaient aux mêmes religions, ou les adaptaient en leur faveur. La démocratie était une chose marginale, voire interdite. On n'avait aucunement l'idée qu'il en fut autrement, *ainsi soit-il*. Avec les travaux convaincants de philosophes et de penseurs, cela change. La Constitution de la République française fut fondée avec l'idée radicale de reconnaître enfin le peuple dans la démocratie pour qu'il se sente engagé et complice dans sa participation à l'activité du pays par devoir, par besoin d'appartenance à sa nation, et chose sous-tendue, pour le sacrifice personnel jusqu'à donner son sang dans l'éventuel effort de guerre ; l'école de la République l'enseignait, elle n'autorisait pas l'indiscipline ni l'objecteur de conscience, c'était réprimandé. Accorder le droit politique au peuple ne pouvait qu'accroître subtilement sa motivation, son appartenance à la Nation, son accomplissement et l'esprit d'initiative. La *Constitution de la République Française* charmait le peuple Français dès l'article premier :

> • *"Les hommes naissent et demeurent libres et égaux en droits. Les distinctions sociales ne peuvent être fondées que sur l'utilité commune".*

Qu'est-elle devenue la réalité de cette approche bonne pour les philosophes du concept d'égalité des droits à l'aube du IIIe millénaire ? Combien cette réalité survivra-t-elle dans un proche futur aux dégradations climatique, écologique, environnementale et sociétale, à l'urgence d'une révolution énergétique, à la progression accélérée de l'intelligence artificielle et de la bioéthique, à la démographie croissante, aux migrations liées ? Nous sommes au seuil d'un monde nouveau, nous avons pris conscience d'occuper un tout petit espace que nous avons nous-même fragilisé au sein du grand et mystérieux océan de l'univers, avec un probable déclin de la démocratie, voire un effondrement de la civilisation. Aujourd'hui les hommes courent à l'intérieur d'un autre mouvement circulaire, *" boulot – congés"*, en vieillissant, sans religion ni guerre ni maladie ni fatigue ni blessure du corps ; certains seront oubliés, les *"sans-emploi"*. L'alimentation aurait dû demeurer saisonnière, elle parcourt la terre dans d'énormes frigos propulsés à l'énergie fossile ; elle mute, elle est *"a-saisonnière"*, banalisée, secondaire, industrielle à haut rendement de production grâce au pétrole et à la chimie, standardisée et de saveur moindre, de valeur nutritionnelle moindre. Pour obtenir une calorie de nourriture dans l'assiette, on en dépense jusqu'à quatre d'énergie sous l'influence des rendements de productivité pour nourrir à bas coût, la démographie croissante de la planète. L'homme a déjà tout conquis, de la planète entière jusqu'à la lune. L'effondrement de notre civilisation est proche mais largement ignorée par les grandes instances. Les gens normaux de bon sens ne savent pas encore que tout est possible, que l'on pourrait changer le résultat de cette équation $1 + 1 = 2$, surtout ses effets sur le cours de l'humanité, et la civilisation.

L'exploration de la planète par l'homme ne doit plus chercher à refaire ce qui a déjà été fait, voire en mieux ; à conquérir d'autres territoires comme la Lune ou Mars, mais à développer une meilleure qualité de vie sur la planète, une lutte contre la pauvreté, une alimentation saine pour tous, des droits humains pour tous, la recherche médicale pour des soins accessibles à tous, l'enseignement pour tous, une meilleure gouvernance de l'Etat et de la Cité, et la protection de l'environnement.

Nous voyons poindre l'autre folie du capitalisme sauvage qui a des conséquences importantes sur l'organisation de la société, le cycle de renouvellement des produits mis en vente dans une reconfiguration changeante du marché où la vitesse de création et de renouvellement devient le facteur stratégique majeur de survie de l'entreprise. Les objets produits ont une durée de vie courte, ils ne sont guère réparables, ils deviennent déchets par effet de mode, par effet de foule ; on n'en veut plus, on jette ! Pour demeurer dans la compétition économique, l'entreprise est obligée de se reconfigurer en permanence. Ce qui demeure dans son organisation, ce ne sont plus les produits ni les métiers, mais sa capacité potentielle à s'adapter sans cesse à son renouvellement. L'employé est obligé de s'adapter à son propre changement dans ce changement continu, il est obligé quotidiennement de sortir de sa zone de confort pour survivre en faveur du système économique qui le contraint. Il affronte la reconversion de sa carrière, voire le chômage. La réaction face à ce processus, est l'intelligence collective, car le dirigeant de l'entreprise n'est plus en capacité de bien décider seul face au changement dans le changement ; le risque est la faillite. La réaction requiert que la stratégie ne soit plus le fait des seuls dirigeants, mais de l'ensemble de tous les employés. C'est au dirigeant d'initier le processus. C'est l'idée imaginée pour **l'association idéale** dans la société civile car le problème l'est aussi dans la gestion de la Cité ou de la Nation ; de tels changements existent. L'élu politique affronte ces mêmes difficultés, il doit s'adapter aux changements, à l'évolution des technologies, l'énergie, la mobilité, la gestion des déchets, la dégradation du climat et de la biodiversité, l'évolution des métiers, le vieillissement de la population, l'évolution de la démographie, la mobilité des populations liée au travail ou au choix pour la retraite, la fiscalité, l'économie, les modes de communication et de transport. Les enjeux stratégiques de la Cité ne peuvent plus s'énoncer par de simples logiques de planification, ou de simples promesses électorales, mais par une logique de processus. La Cité de demain ne sera plus sur le modèle de la Cité actuelle construite sur de vieux modèles d'il y a plus d'un siècle pour participer à l'émergence de la révolution industrielle. Comme dans l'entreprise, la stratégie dans la Cité ne sera plus désormais au sommet de sa pyramide, elle s'étalera jusqu'au Citadin. Ce travail en harmonie est l'opportunité pour la Cité, pour ses élites, pour ses Citadins, à condition que les désirs communs se développent et se concrétisent ; la Cité de demain retrouvera le sourire d'un citadin heureux et reconnu. **Le peuple pense, l'élite exécute !** Est-ce l'utopie de la démocratie ? Qui sont les talents ? L'idée ouvre deux questions cruciales :

- *Existe-t-il vraiment un gouffre entre la pensée du peuple et l'action de l'élite, qui devra se combler ?*

- *Comment est-il possible de construire ensemble la Cité de demain sans appartenir à une doctrine politique, ou dans l'indifférence à l'égard de valeurs politiques ?*

La définition des talents pourrait débuter par :

> - *Toute activité de pensée ne doit pas être le calcul de moyens à mettre en œuvre pour obtenir une fin désirée ou voulue, mais la rupture nécessaire avec cette tradition et être au départ, une question du sens de son acceptation de tous par rapport à l'action décidant de la réalité.*

– l'espace de l'action –

Selon la philosophe, Hannah Arendt : *"dans le travail, l'homme participe à la vie ; dans l'œuvre il habite le monde ; dans l'action il vient se situer dans l'espace entre les hommes"*. La caractéristique de ce temps de l'action des hommes se situe dans la brièveté du temps dans l'espace entre les hommes, dans la pluralité des hommes. Dans ce bref espace temporel, les catastrophes de l'existence peuvent se jouer, ou à l'inverse, il peut naître l'opportunité de se sentir reliés par une complicité. C'est ce qu'envisage l'essai. Les hommes sont certes des êtres emprisonnés dans leurs conditions humaines, dans leurs mythes, dans leurs rites, dans leurs traditions, dans leurs modes, dans les foules qui les unissent, et qui forment leur imaginaire commun ; mais ils sont aussi capables de rompre leur servitude, de bousculer les conditions de leurs propres existences et d'agir sur la liberté collective avec une bonne capacité d'innovation et de progrès en modifiant les conditions initiales de leur destinée. Le gain de cette option tient aux hommes, à leur tendance à s'enrichir mutuellement et à réduire l'espace de leurs actions entre eux. Il y a des risques à évaluer. Les hommes sont capables de juger leurs actions dans l'espace des inventions techniques, des savoirs scientifiques, des organisations du travail, comme ouverture ou fermeture du champ de leurs libertés au sein de ce même espace. Les modifications apportées à leur propre vie peuvent ensuite être jugées en fonction de la responsabilité qui leur incombe face à celles-ci, soit dans des actes individuels, soit dans une structure politique de leur société. Toutefois, c'est ce qui est crucial, l'accélération de ces changements d'ordre technique n'est plus neutre dans l'existence humaine, elle peut *a posteriori* augmenter ou réduire le champ de libertés, voire jusqu'à provoquer une indifférence collective. L'existence d'objets nouveaux, d'outils nouveaux, de savoirs nouveaux, à l'intérieur de cet espace, peut être sournoise et pernicieuse si on ne les comprend plus. Elle peut renfermer indiciblement ou involontairement, une prochaine souffrance psychologique de l'Homme, et transformer son monde en néant. On peut évoquer les erreurs ou les errances des hommes du passé. On peut évoquer les manipulations dissimulées de l'opinion pour le gain détourné d'un projet. En démocratie, les choix des masses populaires sont déterminants, et ceux qui parviennent à influencer ces choix, détiennent le pouvoir. Le sens de la politique à l'intérieur de cet espace de l'action, demeure souvent réduit aux mots usés et rabâchés de diseurs, à l'expression de fables comme vérités utiles, à l'échange de paroles dites dans les convictions collectives à la recherche de l'âme commune qui serait l'œuvre de la communauté, de la foule, dans l'utilisation d'une phraséologie libérale pour défendre leurs privilèges anti-sociaux. Malheureusement, l'erreur dans ces enjeux futurs, s'il y a, n'apparaitra qu'à la fin lorsque l'activité du décideur politique arrivera au terme de son mandat, éloigné de l'époque de l'idée initiale. Il sera alors nécessaire de réaliser le travail de remémoration entre la vérité, la propagande, l'opinion et la persuasion de l'expérience donnée, pour l'amélioration suivante nécessaire. Persuader est imposer de force sa propre opinion face à une multitude d'opinions dans une forme de domination violente, ce qu'il faut éviter car l'erreur demeure. Il s'agit d'introduire dans un nouvel absolu, une rupture fatidique en laissant s'exprimer la vérité afin de prédire l'avenir. Cette politique repose sur le fondement de la pluralité des hommes :

> - *Axiome : "Nous sommes tous différents et nous nous enrichissons mutuellement des savoirs des autres, de leurs connaissances, c'est là une opportunité".*

La proposition de la nouvelle équation des relations humaines $1 + 1 = 3$, repose sur cet axiome. Dans tous les domaines de la science, le sigle "+" se dit *"plus"*, "un *plus* un" font deux. Dans l'équation ci-dessus, le sigle "+" se prononce *"et"*, "un *et* un" font n'importe quoi. La proposition avancée s'énonce ***"un et un font trois"***. Cette proposition en ce début de XXIe siècle, devient essentielle pour survivre. Nous vivons de plus en plus dans un système pernicieux d'accélération des savoirs et des technologies qui distancent de plus en plus les processus politiques au point que les décideurs politiques perdent le pouvoir essentiel du **politique authentique**. Le lobbyiste du capitalisme sauvage présent dans le quotidien du politique, ce qui n'est pas nouveau, façonne selon ses règles, au travers une relation intime, notre civilisation et notre anthropocène. Cette discussion sera reprise plus loin, dans la notion du développement durable. Il existe une option pour sauver la situation, la majorité silencieuse avec l'**intelligence collective** avec la relation $1 + 1 = 3$ "un et un font trois", reprend la main au chapitre et évite la disparition de la démocratie, du pouvoir du politicien, du libre arbitre des individus, souvent au profit d'individus machiavéliques qui tiennent le haut de l'affiche. L'affiche est devenue les images selfies collés dans les réseaux sociaux, engendrant une anesthésie de la vie politique dans un affaiblissement démocratique. C'est l'effacement du politique par le médiatique et l'abandon de la gestion de la Cité aux seuls "compétents" chargés de la solution technique des problèmes. Pourtant, l'espace de l'action entre les individus, la société est constituée d'individus, profite de l'interaction entre ceux-ci pour prendre de meilleures décisions, sortir de la domination d'une minorité. Pas simple.

> • *La question de la démocratie est ainsi posée, car son exercice ne peut s'arranger d'une adhésion molle de citoyens à distance, mais de citoyens actifs et partenaires.*

– l'idée –

Une relation humaine se construit parfaitement même si le dialogue oppose les deux hommes, c'est le principe sous-jacent à l'axiome énoncé et sa force. Si l'un pense blanc, l'autre pense noir, qui a raison ? Qui a tort ? Quelle est la réalité ? Si, au contraire, chacun essaie de se concentrer sur la raison de l'autre qui le pousse à dire le contraire, pourquoi il le dit, et que chacun fasse l'effort, on va ainsi tendre vers un autre vécu, une autre réalité ; il faut accepter cette opportunité de s'enrichir. Plutôt que de s'enfermer, obstiné, dans une propre logique, on crée l'opportunité d'une nouvelle pensée, elle n'est plus ni blanche ni noire, mais grise par exemple, si le gris émerge, ou rouge, bleu, vert, jaune, il n'appartient plus exclusivement ni à l'un ni à l'autre, mais aux deux à la fois, alors ceux-ci s'enrichissent mutuellement l'un au contact du vécu de l'autre et vice-versa, point charnière de l'axiome. Cette approche rénove l'individu et le champ politique traditionnel construit sur les clivages, les désaccords permanents et les divergences d'opinions ou de personnalités.

L'essai premier[4] produit le concept d'association idéale en harmonie à l'idée d'une validité statistique avec comme objectif de réduire les dissidences entre les habitants d'une même société, en s'accordant mutuellement pour que le gris final choisi soit le meilleur compromis accepté et validé par tous ; il y a des règles et une méthode pour y arriver, cet essai contribue à cette approche. J'évoquais toujours dans l'essai premier, une notion du référendum avec son risque de cruauté qu'il entraine car il ne permet toujours pas le dialogue nécessaire à une vie commune, mais un curieux choix dans l'affrontement clivant, parfois irréconciliable. On ne peut en fait, réussir un référendum dès le moment où tout le monde s'entend, pour arbitrer l'ultime choix de gris. J'emprunte l'idée de validité statistique à la philosophie de l'équipe de scientifiques qui permit l'émergence de la physique quantique, qui

---

[4] notes d'introduction à l'association idéale

révolutionna la mécanique classique au XXe siècle. Je reprends cette notion pour définir les **talents de la Cité de demain** comme une nécessité pour sortir du marasme complexe dans lequel l'humanité s'enfonce et remettre en surface la démocratie de l'intelligence. Ce ne sont ni les noirs ni les blancs qui gagnent aux référendums, mais les gris sans vote car ils auront atteint, après moults discussions, échanges, partages, cette couleur finale. Cela suppose d'accorder plus de temps à l'action. Cela suppose disponibilité, générosité, un civisme nécessaire, sa part de gratuit, pour se rendre utile aux autres de la collectivité, afin de sortir de la zone de confort et cerner complétement le mouvement de la surmodernité, mouvement continuel de changements rapides, de temporalités accélérées dans lequel nous sommes embarqués. Cela suppose une rupture avec le passé, une gestion meilleure de son temps d'action dédié aux autres, pour la création et l'innovation de la Cité. L'individu doit se donner une identité authentique moins floue, moins incertaine, moins dissimulée, par la remémoration des étapes de son histoire personnelle dans sa dimension symbolique et imaginaire, pour atteindre une vraie reconnaissance des autres. Toutes ces reconnaissances individuelles dans une référence passée, sont nécessaires pour valoriser l'individu, préserver son effacement et éviter des résurgences de conflits. Des dictateurs, bolchéviques et chinois, ont tenté en vain d'effacer le passé des individus de leur Nation pour le gain de leur religion communiste, de leur révolution dite culturelle ; il apparait toujours *a posteriori* une résurgence de l'esprit national, parfois source de conflits violents ; la chute de l'URSS l'a montré. Cet esprit national émerge aussi lorsque nation voit une forte migration d'étrangers, ce qui est par essence, tragique, une dégradation du champ social personnel, et le sentiment d'inutilité sociale et d'autant plus tragique que la surmodernité du Monde ignore les risques sociaux, car elle avance sous les angles d'attaque du marché économique et de la recherche de sa domination sur le peuple. La surmodernité, si l'individu n'agit pas vraiment au sein de sa société centrée sur l'instant, l'immédiat, l'éphémère, la performance, la temporalité des images, la mobilité à grande vitesse, dans tous ces mouvements extrêmes, l'effacera à jamais de la société, il perdra son attache originelle, ce cordon ombilical essentiel le reliant à l'humanité. Des actions violentes de révolte peuvent surgir. La construction de l'Union Européenne pourrait être caricaturée sous l'angle économique de la surmodernité ; il existe toutefois une civilisation européenne millénaire qui soude son peuple, les cathédrales en forment l'allégorie, symbole du patrimoine d'une civilisation commune, comme objets durables qui résistent à l'érosion du temps. Hors du champ religieux de la naissance de la civilisation européenne, la politique de notre civilisation, ce qu'il en reste, est devenue la gestion d'un processus vital économique de l'instantané et de l'éphémère sans préoccupation de la Cité, de la Nation, et des enjeux sociaux et environnementaux. Ce qui est formidable, nous avons une monnaie unique, nous nous déplaçons en Europe sans postes frontière. Que se passe-t-il avec la surmodernité, vivrait-on impuissants une civilisation qui se défait, la fin de l'*homo sapiens*, ou rien de tout cela ?

Le dialogue doit toujours permettre d'éviter des situations violentes quand dominent l'intégrisme ou la dictature. J'ai vécu mes enfance et adolescence hors de la société urbaine, mieux, hors de la société normale, dans une autarcie, comme fils d'un paysan qui avait très peu mécanisé sa ferme. Enfermé dans ce microcosme autosuffisant, gagnant peu mais très heureux dans ses propres règles et traditions ancestrales, je n'avais aucune idée de la société urbaine et industrielle ; je n'avais pas accès, non plus, à une possible lecture. J'ai rapidement découvert, sans comprendre, des violences de rue lorsque j'étais au lycée à Cherbourg, notamment celles d'anti-nucléaires lorsque les déchets nucléaires arrivaient par le chemin de fer à la gare pour être acheminés vers le centre de retraitement de Jobourg, ou bien des grèves d'étudiants qui monopolisaient sans aucun respect et bruyamment le préau du lycée pendant plusieurs jours pour distribuer leurs journaux de propagande et en discourir, sans bien cerner les raisonnements de leur propagande dans des mégaphones. Elles n'avaient aucun impact sur le cours de ma vie, j'avançais en solitaire avec la gnaque du gamin pauvre de la campagne qui n'avait aucun autre atout en main que, grâce aux bourses d'Etat, de sortir de cette paysannerie illettrée. En ce temps-là, j'organisais ma vie entre les études et les travaux manuels à la ferme, cela servait son économie grâce à une main-d'œuvre gratuite opportune. Ma courte période de quelques années comme membre actif d'Amnesty International m'a fait découvrir des souffrances répandues dans le monde par des dictateurs liberticides, sans comprendre les motifs historiques à cela. Je m'occupais dans le groupe, dans une activité hebdomadaire soutenue, à préparer les arguments à rédiger dans les télégrammes à adresser au Président Chilien de l'époque, Augusto Pinochet, et lui solliciter la libération d'untel ou tel autre. Je n'avais guère de connaissances pour aborder une analyse politique de la situation de l'autre côté de la planète, et comprendre cette dictature. Je crois que c'est le cas de nombre de militants de telles associations ; cela témoigne l'isolement dans nos conditions, dans nos mythes, qui nous regroupent dans l'espace étriqué des aventures. Quoique les historiens n'écrivirent des vérités sur le coup d'état de septembre 1973 au Chili, que longtemps après, cela restera une belle expérience à vivre lorsqu'on s'en sort avec intelligence. Un peu plus tard, j'eus l'opportunité de rencontrer des grandes personnes qui m'aidèrent à progresser dans l'analyse du monde en me décrivant intelligemment leur vision de la "mécanique du pouvoir". Leurs aisances dans l'observation, leur perception et l'analyse des choses de la vie, m'ont fait poser à plat un principe de questionnements sur celle qui m'entourait. Pas un instant, je pensais à une telle réalité, ce fut un sentiment d'échec. Il y eut au fond de moi la nécessité impérative de passer à une nouvelle pratique et d'acquérir l'outillage intellectuel utile pour sortir de cette ignorance, car c'était cela la difficulté. Auréolé de deux diplômes d'ingénieur et d'un master en recherche, choses que la société glorifie, je m'effondrais dans le comprendre la condition humaine hors de la ruralité. Je ne cherchais pas à construire de théories globales d'un système de représentation du monde, mais de décrypter et comprendre le mouvement de la vie avec des outils utiles à rassembler. Il ne s'agissait pas de décrire de façon livresque un tableau aperçu au musée, mais de comprendre la technique du peintre, son état d'esprit, sa culture, l'ambiance d'une époque, sans m'attacher idolâtrement à ce peintre. A partir de ce point, je devins un militant de ma méthode de pensée, pointilleuse, scientifique, méthodique, un électron libre mû par son courant, capable de percevoir des bribes du monde. Les rencontres de ces personnes me pressaient positivement. L'observation du monde et le dialogue avec chacun d'eux m'ont enrichi d'une richesse inconnue. Si l'aisance en Mathématiques et Mécanique m'a permis de vivre une vie décente, de manger, dormir, me déplacer, en me glorifiant, la société m'isolait d'un univers beaucoup plus complexe et d'un environnement social inconnu. Les nouveaux savoirs que j'acquis, n'étaient pas des lieux que l'on visite, ni des instants d'émotions ni des décors, mais des opportunités, des routes possibles, celles que l'on empreinte et qui orientent la vie, des outils qui permettent de mieux comprendre les autres. C'est ainsi que j'empruntai un chemin nouveau. L'acquisition de ce nouveau savoir me permit une action nouvelle, car le savoir unifie et produit la solidarité, la fraternité ; il permet de réaliser des œuvres suffisantes voire audacieuses. La réalisation du vivre-ensemble planétaire ne peut plus se réduire à l'enfermement de chacun dans sa prison de la gloire égoïste ou à une façon de laisser-faire l'autre, sans agir. Elle n'engendre que trop de poussées d'incertitudes, de doutes. Acquérir un savoir, aide. Cependant il y a un risque dans cela, il faut l'observer, car si nos croyances et convictions façonnent notre perception du monde, lorsqu'on est persuadé de savoir quelque chose, on abandonne la posture de recherche et on ne voit plus du monde, que ce que l'on croit ; là est la faiblesse du sachant.

Peu de décennies ont suffi pour créer et faire émerger tant de nouveaux produits impensables il y a peu : l'intelligence artificielle, les réseaux d'information et de communication, des images et de la réalité virtuelle. Devant cette nouvelle puissance, s'oppose souvent, de façon visible ou invisible, une révolte de l'impuissance, pacifique ou violente, souvent fortement médiatisée par des chaines de télévision, qui désoriente toute la société en forçant ses défenses sécuritaires. Toutes nos certitudes, convictions, limiteront notre accès au savoir si on n'y prend pas garde, et cela renforcera encore plus, notre ignorance. L'accélération des connaissances et celle des technologies nous submergent. Selon Socrate, *"le savant comme l'ignorant prennent leurs convictions pour leur réalité et méconnaissent leur ignorance"*. Nous ne cherchons plus à connaitre puisque nous croyons savoir. Les progrès ne seraient reconnus que par ceux qui, souvent spécialisés, en bénéficient, et ignorés par ceux qui ne peuvent pas en bénéficier.

Les **talents de la Cité de demain** se contiennent à l'intérieur d'une société pour que les citoyens sans exclusion, puissent s'y retrouver sans clivage, arrêtent de considérer leur savoir et leur ignorance, et fusionnent un rapprochement. On ne pourra plus laisser une *"caste"* nous administrer comme si nous n'étions que de simples éléments de calculs statistiques, de probabilités, ou de simples éléments de l'économie de marché. Clairement, si on innove pour une raison radicale, on prendra conscience d'un manque qui engendre le désir de le combler et la réponse à ce désir ne se confondra jamais avec nos certitudes ; il faut prendre soin de valider et d'expliquer à 360° ce qui est en jeu dans ce désir. Le gain de cette attitude permet le progrès, il sauve les relations entre l'être humain comme être social et son milieu socio-économique.

<h3 align="center">– la démocratie –</h3>

C'est le point de départ pour combler un fossé : réinventer la démocratie ; il n'y a pas de démocratie sans participation effective de tous les citoyens ; il faut sortir de l'invasion verticale de l'Etat, de la propagande, des partis, de tous les diseurs politiques, de l'économie de marché sans vergogne. Il n'y a plus de démocratie lorsque le décideur politique, une fois élu, s'approprie la Cité comme s'il en devenait le néo-propriétaire pour le profit de quelques économistes, promoteurs, gérants de supermarchés, qui convertissent ou contraignent le citoyen à la loi du turbo-consommateur. Ils se moquent de la vie de la Cité, de ses boutiques indispensables, des bavardages sur l'agora. Ils ne considèrent plus l'intérêt collectif des Citadins ni les aspects sociaux et environnementaux ; ils obéissent à leur loi du marché. C'est dramatique car le Citadin ne se retrouve plus dans la part de progrès promis, dans la part de reconnaissance espérée, dans la part au revenu final. Pour atteindre le gain de la réinvention de la démocratie, il faut une coopération intelligente ouverte entre tous les acteurs de la société. Les seuls sachants indéboulonnables, sis sur leurs chaires élimées, experts, spécialistes, prédicateurs ennuyeux, qui s'emploient tous à nous effrayer dans un gazouillis savant, ne peuvent plus y suffire. Des choses bougent positivement, des conseils de citoyens naissent sous l'impulsion des lois de la République ; il y a des conseils de quartier, des conseils de développement, des regroupements de la connaissance, des forums de discussions. Sont-ils suffisants pour générer une proximité nouvelle et une participation effective car très souvent, ils sont éloignés géographiquement du citoyen ? Combien font-ils participer réellement les citoyens à la vie de la Cité, ou que ceux qui participent ne sont-ils pas seulement sous le joug politique de l'élu, ses *"lèche-culs"*, pour ses intérêts ou leurs intérêts, en douterait-on ? Ne génèrent-ils pas des envieux ? La frontière entre l'indépendance et la dépendance est ténue, la critique de l'autre est possible, les jalousies sont violentes. Pourtant il faut avancer vers une description objective de l'innovation radicale pour la Cité et non plus celle subjective du politique ou du religieux :

> - *Un monde inconnu de crises écologique et sociale se présente devant nous, nous devons et nous ne pouvons que l'appréhender ensemble dans la Cité, sinon un autre nous fera subir ses options de développement durable.*

Cela commence par l'acceptation d'une définition du dialogue entre deux individus. Il faut abandonner l'idée d'une réalité unique pour pouvoir mieux construire nos relations en fonction du ressenti, de l'expérience de chacun et dans l'égalité d'un partage équitable de la considération. La communication est le partage d'expériences, non pas un échange verbal d'informations dans un débat asymétrique. L'individu n'est pas réductible à sa partie émergée de l'existence sociale, il existe en fonction de son inconscient, son passé, ses racines, son expérience, son imaginaire. C'est l'idée de la réinvention de la démocratie, l'élaboration d'un progrès vers un idéal supérieur depuis une réalité donnée que l'on connaît, puisqu'elle est la synthèse de nos expériences partagées. La société relie les gens, les formes modernes de communication la transforment en un immense brouhaha de l'insignifiance, exclusif de sciences et de philosophie, relié à une néo-culture du potin quotidien, référence infondée d'une société en mal de sujets, monologues de micros-trottoirs comme évidences théâtrales immédiates, beuglements de guignols populistes. La société se transforme en un cyber-état mêlant des lieux où "ça cause" dans lequel œuvrent diverses cybercultures, où pas grand-chose de sérieux ne se dit, où l'échange s'établit dans l'addiction quotidienne du *"j'aime"* ou *"partage"* du réseau social, le contenu, souvent jamais lu, et important peu, pourvu que le pseudo utilisé apparaisse ; le seul intérêt ne serait que d'établir et comptabiliser ces liens altérant la vie au quotidien, comme si nous étions accros d'un café virtuel, comme s'il ne s'agissait que de conversations banales, quelquefois violentes, entre deux individus ; tant qu'on ne cherche pas en même temps à comprendre l'opinion de l'autre, elles ne seront que deux monologues. Le premier monologue aura lieu entre moi et mon imaginaire ; le second monologue, entre lui et le sien. Il n'y a toujours pas de pas en avant ni de progrès. Leurs monologues ne prennent leurs valeurs intrinsèques que dans l'information et continuent à remplir l'espace social de mots sans rapport avec le monde, dans une certaine ignorance. Ne pas être conscient de cette situation, engendre des problèmes relationnels, conflictuels de querelles. Une relation fondée sur deux monologues, n'apporte rien, une relation se construit dans la vision culminante de gagnant-gagnant d'une réalité nouvelle. Est-elle ainsi née **l'association idéale** de personnes de sensibilités diverses civiquement motivées et généreuses, pour l'idée utopique d'un voyage en groupe vers un monde nouveau ?

Pour cela $1 + 1 > 2$, en fait, $1 + 1 = 2 + \varepsilon$ où $\varepsilon > 0$. L'échange de « **1** » avec « **1** » fructifie ε. ε est précieux, pour simplifier, on pose ici, $\varepsilon = 1$. Cela permet le progrès de la démocratie contiguë. C'est un cheminement intellectuel complexe. Par inspiration, j'observe avec intérêt la rupture intellectuelle proposée par des scientifiques, Bohr, Heisenberg, Pauli. Pour construire la Mécanique Quantique, ils renversèrent d'anciens acquis de la Mécanique de Newton en introduisant l'étrange sorte de réalité, à égale distance entre la possibilité et la réalité. Au lieu de la certitude absolue du déterminisme, ils introduisent un hasard absolu. L'idée est qu'on approche une solution achevée par deux manières diverses dans une relation de doute. Ces manières ne s'expriment plus par un simple formalisme de questions fastidieuses qui restent sans réponse, comme si les choses hypermodernes de la vie dans le contexte contraint de l'anthropocène devenaient tellement complexes que ne peuvent plus y répondre les sachants, comme si ces choses nouvelles étaient semées de tant d'imprévus, d'idées géniales, d'obstacles invincibles. Il faut plus que des choses acquises, plus de profondeur et plus d'intelligence pour sortir d'une pensée installée, et tendre vers un nouveau contrat social et civilisationnel. L'incubateur d'idées devient l'émergence incroyable du hasard absolu, et cela marche dans les méthodes de création de brevets d'invention dans les centres de recherche. Il en sera de même pour la Cité dans une démocratie évoluée. La méthode est expliquée plus loin.

Il existerait toutefois une autre option, une autre méthode de la description du souci du monde qui pourrait émerger de croyances, religions, évangélismes, doctrines politiques sans nous faire en rien intervenir nous-même comme individus de la société, c'est un gros risque. Cela a existé dans le passé, comme le communisme et son aboutissement, le national-socialisme avec leurs sociétés purement négatives, non économiques, liberticides et inégalitaires. Pourtant en observant le monde lointain par la longue-vue, cet aspect militant m'irait très bien si je ne suis pas concerné ; la Chine peut être vue ainsi. Le succès remporté par cette thèse conduit à une autosatisfaction rassurante de la description du monde dans lequel je n'interfère pas car cela se passe loin de chez moi. Or ce résultat va devenir fort étrange dès que j'interfère par ma propre observation, car je vais jouer un rôle dans le phénomène à observer selon ma conviction ; sa réalité variera selon la façon dont je l'observe ou je ne l'observe pas. Il faut aller plus loin et analyser le processus d'observation, car tout cela est une conséquence de la manière générale comment est structurée notre pensée. L'observation est la référence à nous-même ; pour cela, notre description n'est plus objective, mais le fruit de nos expériences différentes. C'est à partir de ce constat que je construis l'association idéale CERF, en 2016. Si je peux réunir un nombre suffisant de personnes de sensibilités diverses et motivées, j'atteins la probabilité d'améliorer la perception globale du phénomène à observer puisque je réunis différentes perceptions, et qu'en réalisant ce groupe constitué, non plus moi tout seul, je réduis ainsi les erreurs de perception. Par exemple l'agora, lieu social, politique, mercantile, là où l'on s'arrête naturellement pour causer car elle n'est pas un passage mais un espace, où les femmes se retrouvent ; cette observation est décrite plus loin. L'idée de réduire les erreurs de perception est celle-ci : *"Cette agora projette son image dans ma conscience et c'est ce que je perçois. Si vous vous mettez à mes côtés et que vous regardez la même agora, celle-ci projette une image dans votre esprit également. Je vois mon agora, et vous voyez la vôtre, est-ce que l'agora est la même, nous l'ignorons. Pourtant, nos expériences totales de cette agora et de sa mémoire forment une unité comme rassemblées sur une toile".* Il faut répéter chacun cette observation sur l'agora, sur la Cité. La Cité est un lieu partagé sans lequel l'Homme ne vit plus car privé de vie sociale. C'est une exigence de survie, il faut faire vivre la Cité, notre imaginaire a un rôle complexe dans la créativité, et d'autant plus que nous sommes au seuil d'un monde nouveau, lorsque la raison commune perd pied et que la surmodernité peut s'y engouffrer en nous imposant ses choix.

- *La vision commune de la Cité est-elle assez partagée ?*
- *La Cité, son ambiance, cette chose publique, peut être-elle bien mise en commun dans une conscience créatrice ?*

– le chaos –

Aujourd'hui, plus personne ne travaille aux champs, ou très peu. De 70% en 1900, les paysans ne sont plus que 2 à 3%. On habite la Cité, mais on continue à se nourrir de la terre. En même temps, des hommes ont libéré des énergies terribles que la nature tenait enfermée, ce qui stabilisait notre climat depuis des millénaires. Ils ont cru bon s'en rendre maîtres, or ces hommes sont des hommes chez qui le mal domine le bien, chez qui leur progrès éthique est plus lent que le progrès de la science qu'ils ne maîtrisent plus vraiment ; ils poussent leurs progrès à la destruction comme le feraient d'honnêtes gens qui, ayant refoulé pendant une vie respectable l'envie haineuse des biens d'autrui, donnent libre cours à leurs instincts de pillards ou d'assassins comme on l'observe dans des manifestations. Ils pillent sans vergogne la terre qui s'épuise, c'est mathématique. Or l'énergie extraite du sol a pris son essor avec la création de la machine à vapeur, puis de toutes les machines de la révolution industrielle. L'énergie fossile, charbon et pétrole et ses chimies associées, a fondé la totalité du développement industriel. Elle a permis d'augmenter la productivité de l'agriculture avec les engins agricoles, les engrais et les produits phytosanitaires. Elle a vidé les campagnes et déplacé la population dans les usines et les bureaux. Elle a permis l'émergence des villes, l'essor de l'automobile, de l'avion, d'avoir à profusion, tant de produits à bas prix dans les magasins. Elle a permis l'accès au logement pour seulement quelques années de salaire. Cette énergie fossile a fondé la totalité de notre civilisation moderne. Pourtant ici la matière et l'énergie ne font qu'un, rien ne peut disparaître ou tout disparaîtra ensemble. Les villes, les Cités ont été construites avec la révolution industrielle, pour répondre à ses économies liées sans vraiment répondre aux désirs des Citadins, mais leur proposer un toit proche de leur lieu de travail. Elle est marquée profondément par une empreinte masculine ; les femmes n'avaient pas droit au chapitre ni les enfants d'ailleurs. Or nous vivons dans un univers que nous croyions immuable parce que nous l'avions toujours vu obéir à ses mêmes lois depuis quelques siècles, voire un ou deux millénaires pour certains quartiers, soudainement tout change dans une contrainte croissante, la loi de la jungle devenue la loi de la Cité, bientôt redeviendra une loi d'une jungle nouvelle de la Cité, sans l'énergie facile mais l'inédit pouvoir du numérique.

● *Qu'allons-nous faire de nous maintenant ?*

Dans notre monde à partir du XXe siècle, une surabondance généralisée de tout a engendré une mutation de l'humanité contre nature, on meurt maintenant de trop manger, de trop avoir. Tout devient dangereux, jusqu'au sucre qui tue plus que la poudre à canon et les épidémies. Cette croissance effrénée déstabilise l'équilibre écologique de la biosphère de différentes façons que nous commençons à peine à explorer. L'organisation de la planète est devenue trop complexe pour être comprise. Le mariage entre la technologie et la mégalomanie politique semble être une recette de ce principe du désastre mondial en cours. Le mécanisme démocratique ne donne plus le pouvoir politique à l'élu car le pouvoir de la technologie et celui de son économie liée l'ont pris de vitesse, et il ne les comprend pas. De fait, la politique est maintenant dépourvue de ses grandes visions d'avenir ; elle n'a plus le temps d'absorber les nouvelles connaissances que d'autres plus fraiches arrivent. Le politique n'existe plus, car il n'a plus de vision de la situation de sa Cité, de son pays, il ne sait plus se projeter plus en avant dans les prochaines dix ou vingt années. Le temps de son pouvoir est très court, et durant celui-ci, il cherche à amasser pour son gain électoral. Les vrais projets de Cité demandent des temps plus longs. Il n'ose plus ces projets à long terme. Globalement, il manque une classe politique qui comprenne les contraintes actuelles du monde, les évolutions de la science et de la technologie, et les problèmes à traiter, que le problème à traiter est un problème auquel le monde n'échappera pas, ce dérèglement climatique annoncé par les scientifiques, qui emportera tout le reste sur son passage. Les politiques ne peuvent plus dilapider des milliards de budget à des projets court-termistes, sans restituer un critère lisible à expliquer à la population. La vraie communication politique sur les projets est toutefois complexe car, les projets pourraient être quelquefois périmés au moment de leur annonce tant les sciences et les technologies accélèrent. C'est le débat du livre et c'est l'intérêt de l'association idéale.

- *A quelle autre finalité l'humanité devrait-elle maintenant se battre ?*

Les grandes fortunes[5] du monde savent comment s'amuser avec le système pour gagner un milliard ;

---

[5] Exemple, la multinationale *"BlackRock"* est devenue le plus important gestionnaire d'actifs au monde avec 6 840 milliards USD en 2018 ; c'est 2,5 fois le PIB de la France (5ème pays le plus riche du monde) avec 2 766 milliards USD en 2018.

en revanche, si elles devaient l'imaginer, elles seraient incapables de savoir comment réduire les inégalités ou mettre fin au dérèglement climatique. Elles dominent les forces du marché, mais la main de ce marché est aveugle, invisible d'une mathématique insensible à l'humain, au social et à l'environnement ; ce qui est bon pour le marché, peut être mauvais pour l'humanité, et il la dégrade. Le mouvement de la surmodernité fait que nous sommes embarqués dans une planète flottante à la dérive, où les puissances du savoir et du faire accélèrent sans répit sa navigation aveugle et improvisée sans voile ni dérive, ne cherchant plus la terre ferme qu'il faudrait gagner pour assurer notre salut. La surmodernité avance en accroissant sans cesse ses moyens, en s'éloignant d'une humanité, éthique, culturelle et sociale. Nous sommes des habitants sur une île qui inventent un radeau et sur le point d'y dresser les voiles, nous décidons de naviguer sans carte ni destination. La contestation dans la résolution du problème est évidente : si protéger l'environnement, est une très belle initiative, c'est que nous recherchons, ceux qui n'arrivent pas à payer leur fin de mois, s'inquièteront bien davantage de leur découvert bancaire que de la fonte de la calotte glaciaire. Devant cet espace géographique, comme devant un échiquier, nous avons d'un côté les blancs, de l'autre côté les noirs, tous embarqués dans une même galère à la dérive. Alors, ne pourrait-on pas nous rassembler et mettre nos désaccords au grand jour et les fructifier comme un nouveau pouvoir ? Ne pourrait-on pas trouver l'option valable d'une approche commune de couleur grise qui dépasserait tous les clivages philosophiques ? Tout porte à croire que si la surmodernité continue à développer les discordances de rythme d'une société à deux vitesses dans des directions différentes, elle accentuera les discriminations, elle accélérera un partage inégal entre ceux qui sont dans le mouvement et ceux qui restent en sa périphérie. Une distorsion croissante des temps sociaux se poursuivra. Du côté de ceux qui suivent, ils voudront aller encore plus vite, être plus performants et confirmer leur avantage. De l'autre côté, se forme une temporalité dévalorisée économiquement et compensée socialement. Il devient urgent de redonner le temps au temps, de réorganiser l'espace de l'action.

Voilà décrite brièvement, une situation désolante au seuil d'un monde nouveau. Après un millénaire de croissance économique et de progrès scientifiques, notre vie qui aurait dû devenir enfin paisible, ne l'est toujours pas. Pire, nous sommes des acteurs responsables du drame. Nous faisons la même erreur inconsciente de confiance aveugle depuis le siècle des lumières, lorsque nous croyons sans cesse que les ingénieurs et les hommes de science pourront nous sauver et nous tirer d'affaire. Depuis quelques décennies, apparaît le clivage philosophique de plus en plus net entre d'un côté, ceux qui pensent pouvoir pérenniser les styles de vie actuels grâce aux avancées de la technologie, et ceux qui, de l'autre côté, sont persuadés que nos façons de vivre devront changer considérablement. Dans les deux cas, ils tiennent pour acquis que des miracles se produiront.

> - *Quels miracles se produiront ?*
> - *Savons-nous où est le seuil du danger ?*

A quel point peut-on continuer à risquer l'avenir de l'humanité en supposant qu'ingénieurs et scientifiques feront des découvertes insoupçonnées pour la sauver ? Que fait-on pour les plus pauvres ? Ils seront les premiers emportés par le déluge car le miracle ne s'avérera peut-être pas, ou bien notre attitude sociale ne changera pas devant l'ampleur du danger de l'effondrement économique et la débâcle écologique. Les hommes sont les maîtres du monde car ils sont les seuls capables, depuis la révolution cognitive, de tisser une toile de communication comprise par eux-mêmes à très large échelle, qu'ils peuvent s'organiser en entreprises, en révolutions, en mouvements politiques, en religions, en associations, en démocratie. Ils utilisent le langage pour cela, et se plaisent à penser qu'ils jouissent de ce statut moral de supériorité sur la planète. Paradoxalement, plus notre savoir avance, plus nous accumulons de données, plus nous devrions comprendre le monde de mieux en mieux, et c'est le contraire qui se produit, notre vie devient un chaos complexe. Étrangement, plus notre savoir croît, plus l'humanité augmente les propres germes de son effondrement car nous ne savons plus prédire le futur, comme si nous poussions l'humanité au-delà de sa résilience.

– le mythe –

Cette formule $1 + 1 = 3$ est la nouveauté mathématique pour substituer l'archaïque $1 + 1 = 2$ du vivre-ensemble, affleurement issu du néolithique qui est en train de faire choir l'humanité. Pourtant cette équation banale acceptée de tous, permit de créer tant de progrès ; d'envoyer des hommes sur la Lune, de sauver la planète du Nazisme et du

Fascisme, de faire choir (en partie) le communiste, de faire tourner un moteur de Formule Un à 20 000 tours par minute, de maintenir l'économie d'un pays il y a encore quelques décennies, sans endettement. $1 + 1 = 3$ devient l'espoir d'un futur sur les idées et l'espoir d'entraîner l'Humanité et aller beaucoup plus vite que la recherche scientifique et les progrès techniques, et anticiper l'avenir. Personne, ne peut assimiler toutes les recherches scientifiques les plus récentes. Personne ne peut prédire de quoi l'économie sera faite. Personne n'a la moindre idée vers quoi nous nous dirigeons avec tant de hâte. Personne ne comprend le monde. Personne ne peut arrêter cette course effrénée comme si nous étions perpétuellement en retard. Si nous nous décidons à échanger nos idées, nos savoirs, nos compétences, de façon que $1 + 1 = 3,$ nous pourrions nous enrichir mutuellement, atteindre l'opportunité de fédérer nos savoirs, atteindre un nouveau vécu commun et communiquer, comme le ferait l'ADN de l'arbre symbole de l'association idéale, représenté sur la première de couverture du livre.

$1 + 1 = 3$: c'est le choix essentiel

$1 + 1 + 1 = 9$: c'est la nouveauté dans les relations

$1 + 1 + 1 + 1 = 18$: c'est la logique suivante

$1 + 1 + 1 + 1 + 1 + 1 = 45$: c'est une limite

$1 + 1 + \cdots + 1 \,(n\,fois) = 1.5 \times (n - 1) \times n$

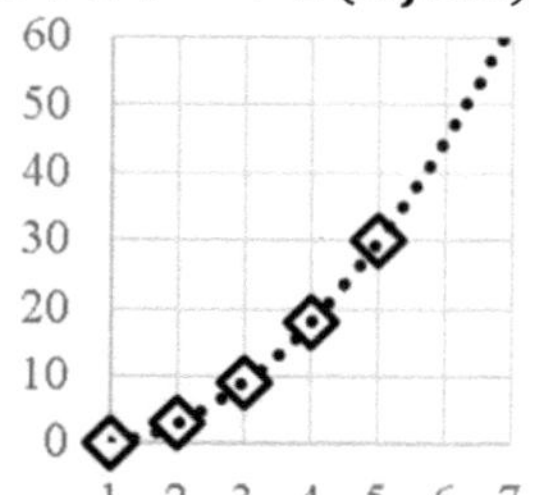

Certains lecteurs douteront de cette approche et réfléchiront sur cette pertinence mathématique, mettront en doute la deuxième équation. Ici le "1" ne vaut plus "1" à chaque fois qu'un nouveau

"1" apparaît dans les échanges, il y a une condition, que le nouveau "1" soit de sensibilité diverse des autres "1" réunis, car avec des personnes de mêmes sensibilités, on a tendance à tendre vers $1 + 1 = 2$. La première équation $1 + 1 = 3$ est le principe du talent recherché lors de la réunion de deux personnes, la suivante aurait pu être $1 + 1 + 1 = 6$ mais elle est $1 + 1 + 1 = 9$. C'est la nouveauté, une rupture recherchée dans les relations humaines pour dépasser l'archaïque $1 + 1 + 1 = 3$. Ce n'est plus l'événement, mais le processus nécessaire, l'insurrection, une autre vision du monde. On ne peut pas appréhender momentanément le rôle de $1 + 1 + 1 = 9$, car il ne sera visible que dans le long terme loin après son émergence, son effet se poursuivra sans fin dans le temps.

Il y aura une réaction d'opposition face à cette rupture, la force de l'équation est l'importance de sa dimension temporelle qui jouera pour le succès, pour **donner le temps au temps**, délai inévitable entre la cassure et cette nouveauté, et ses effets ; comme le temps de l'Art du paysan qui sème ses graines : il attend les effets de la terre, de l'eau, du soleil qui combineront leurs éléments pour faire croître une plante à partir de la graine. Dans l'exemple de la *"dream-team"* Ferrari, il a fallu plusieurs années pour atteindre cela. Les effets de $1 + 1 + 1 = 9$ ne sont pas immédiats, des envieux pourraient tenter de s'approprier cela dès les prémices du succès, comme leur idée. On ne peut pas voler un projet né d'échanges entre des hommes comme on volerait un puits de pétrole, il n'est pas source de matière première, mais un ensemble d'échanges continus vers un niveau supérieur du vivre-ensemble. Il y a une difficulté à réunir les gens efficacement, sans la nécessité d'un mythe fictif, un point de ralliement, un symbole, d'une complicité commune d'une première œuvre. Si on cherche à s'accrocher à une réalité seulement pratique, sans en mêler la fiction ou l'émotion dans l'association, peu de gens suivront, et ici le processus de création du mythe est très lent. C'est toutefois l'essence de **1 + 1 = 3**, créer les prémices d'une opportunité de complicité au départ à deux, pour réaliser un premier vécu commun d'une rencontre paradoxale. Il faut le temps, pour que dans les actions suivantes possibles, le mythe se crée. Un premier projet d'une telle association avait été imaginé en 2016, le premier article de ses statuts était :

> *• Rassembler un certain nombre de femmes et d'hommes, de sensibilités diverses civiquement motivés suffisamment disponibles et généreux.*

S'il n'y a rien de nouveau dans ces mots osés et déposés en Préfecture, l'ambition permit l'opportunité de rassembler d'un grand nombre de personnes, et le quartier devint un village solidaire, jusqu'à un triomphe final de la démocratie locale. Le mythe du groupe était simple à trouver, il naissait du trauma commun que le projet immobilier irréfléchi pouvait causer et du courage de le combattre ensemble sans leader visible. Ce fut ce rêve cogité et mûri, dans un achèvement éphémère. Cela a fonctionné. Je ne cherchais ni le martyre ni la gloire d'une expédition spectaculaire, bruyante dans les rues de la Cité, en brandissant banderoles, et bruyants mégaphones ; mais le silence de la résistance invisible de l'intelligence collective. J'étais invisible, inconnu, une contribution au succès, qui permit la complicité dans les relations. Le feu s'est éteint ne laissant plus de traces, sauf cette exemplarité de $1 + 1 = 3$. Si l'expérience ne fut pas parfaite, son essence sublime suffit à tenter une suite. Cet incubateur d'idées, réservoir de pensées, peut-il renaître, peut-il sauver à nouveau la démocratie ?

A rebours de la vie bourgeoise qui peut apporter paix et sécurité, il y a devant nous, impalpable, invisible, une très longue guerre sournoise, elle tuera chaque jour, des hommes et des animaux, les plus faibles, par ses actions anthropiques ; elle nous attend de pied ferme sans coup férir, inexpugnable. Nous sommes depuis deux siècles dans l'anthropocène, où, l'Humain modifie en profondeur sa biosphère, le climat et la civilisation. Toutes les aventures possibles s'ouvrent à nous et peuvent rendre réalisables le meilleur comme le pire, l'inconcevable, l'inattendu, le fabuleux. Toutes les idées fusent de chacun de nos cerveaux pour répondre au désastre, chacun cherchant l'intérêt égoïste, et la gloire. Actuellement notre navire avance sans boussole ni destination, seul grâce aux puissances du savoir et de l'argent qui nous échappent, mais en nous y employant tous, nous devrions remettre la main sur les commandes, avec la certitude que $1 + 1 + \cdots + 1\ (n\ fois) = 1.5 \times (n - 1) \times n$ rende probable l'association idéale de talents de la Cité et inventer la Cité que nous désirons. Elle se construira dans le temps disponible de l'action solidaire, et le temps lent du paysan. Il y a des risques à cause d'envieux. Le prochain paragraphe expose une exemplarité vécue en entreprise singulière et une comparaison entre l'humanité devenue extrême et la Formule Un elle-même extrême, et comment nous faisions pour gagner.

II

Ferrari

Ne serions-nous pas en présence d'une civilisation nouvelle où l'activité humaine ne se décomposerait qu'en capitaux et intérêts qu'il faut éloigner des projets, car l'Humanité est devenue folle, elle fonce sans volant, droit dans le mur. Elle affadit l'Humain et son pouvoir, au seuil d'un monde nouveau.

– la dream-team –

J'ose une comparaison entre la gestion d'un pays ou d'une Cité et celle d'une entreprise innovante où le progrès est vital avec l'exemple d'une écurie de compétition automobile de haut niveau, comme la Formule Un. Elle suppose qu'*a priori* ces sociétés recherchent et portent l'idée de progrès et qu'en son sein, l'Homme, ou le Citadin, y trouvera un bonheur continu. Le progrès est l'opportunité et l'espoir d'une société consensuelle pour hâter l'émergence d'un avenir meilleur. La comparaison me parait utile pour l'exemplarité d'un vécu dans une *"dream-team"*, et montrer la difficulté pour la créer, la maintenir, et la facilité surprenante pour la détruire. Avec l'acceptation du panorama exposé en introduction à cet essai, le concept d'une nouvelle démocratie est à faire pour favoriser l'idée d'un meilleur avenir pour l'humanité. On a toujours construit comme si cela devait durer pour l'éternité ; or on assiste angoissés à la fragilisation de nos modèles que l'on croyait définitifs, la réaction d'opposition de personnes, est légitime. Il n'y a pas de meilleur absolu ni de situation immobile, mais une approche patiente et continue de progrès. On ne peut pas faire n'importe quoi ni improviser sans un minimum de règles et de méthode. La créativité ne se réalisera qu'au préjudice de l'attachement à ce que l'on croyait un acquis définitif. Ce qui est par instinct, un aspect humain dramatique, notre réflexe est de nous accrocher aux modèles auxquels nous étions naturellement habitués. Ce rapprochement entre Cité et Formule Un est le survol de l'idée du progrès et décortique utilement l'essence de la compétition technologique avec une finalité vitale, la victoire contribuant à l'émotion positive des hommes. Au seuil d'un monde nouveau, en écartant la volonté viscérale de l'administration d'évaluations des compétitions économique et politique, pour n'en extraire que la fierté du citadin, lui dire qu'avec le progrès désiré et réalisé, sa reconnaissance réservée au partage du gâteau final, afin que les décisions ne soient plus dictées par le seul motif de l'économique. Si ce n'est pas le cas de la participation du citoyen, s'il y avait exclusion, on ne parlera plus de démocratie, mais de paupérisation économique, écologique, intellectuelle de la Cité, ou de la Nation. C'est sous-entendu ici le rôle de l'intelligence collective à la participation de la vie commune, c'est pour cela que j'ose ce parallèle avec l'expérience de la Formule Un. Il faut chercher à éviter une hiérarchisation cotée des projets par un indicateur normalisé, s'écarter de l'idéologie courante de l'évaluation entre Cités ou Nations ; chaque Nation ou Cité est différente de l'autre, il y a un intérêt radical qu'elles sortent de la monotonie d'une modernité uniforme car chaque Nation ou Cité a une propre attractivité, un propre magnétisme, ainsi elles deviennent la fierté de leurs habitants. Les temps modernes sont à la mesure, à la fabrication de normes, à l'évaluation par des indicateurs, à la construction de procédures susceptibles de rendre mesurable à des fins de quantification ce qui ne l'est pas, par des experts dissimulés ou des administrations, voire des instituts de sondage. Cette culture dévorante et obsessionnelle de l'évaluation par leurs indicateurs constitue l'extension politique des manières de penser le monde par le jeu de logiques applicables partout, devenant une norme mondiale uniformisant l'humanité, pas toujours dans le sens des Hommes. Nous ne pouvons pas comparer une Cité à une autre, une Nation à une autre dans les aspects sociaux et environnementaux. Inventer de façon comptable la Cité avec des critères administratifs normés, serait affadir sa perception et réduire la fierté du Citadin d'appartenir à sa Cité, ce que l'on ne désire pas. Il n'y a aucune créativité dans les administrations ; les fonctionnaires sont dédiés à leur mission, sans qu'ils puissent imaginer qu'autre chose différent puisse être possible, et *"sortir de leur boîte"* pour innover. Les **talents de la Cité** parviendront au succès de **la Cité de 2050** sans aucun pilotage stratégique, en suivant leur propre logique, leur propre volonté de progrès social et environnemental, alors qu'un pilotage sous la tutelle de l'évaluation exigerait l'ingérence de responsables nommés, l'invasion de spécialistes avec des critères insensibles à une logique du Citadin. Les talents de la Cité de demain exigent le respect d'indépendance vis-à-vis de cette évaluation.

J'ai vécu douze années dans la *"dream-team"* de Ferrari de son décollage jusqu'au début de son effondrement. Le succès est celui d'une équipe globale composée d'hommes de différentes cultures d'une dizaine de nations, qui œuvrent en s'enrichissant en parfaite symbiose. L'esprit *"dream-team"* ne se réalise qu'avec le temps et la distance qu'impose le temps de la construction de relations, qui permet l'émergence attendue de la créativité en se substituant à la précipitation, à l'immédiateté de recherches de solutions, souvent égoïstes ou individuelles, à la recherche de la décoration. Chez Ferrari, il fallut de longues années pour faire croître la *"dream-team"*. L'équipe ne partait pas d'une feuille blanche, mais d'une première équipe qui vivait plus de tradition, et guère de raison. Elle vivait de l'excitation de la découverte immédiate comme règle de jeu. Il fallut des années pour progresser, construire et stabiliser l'équipe, et permette d'atteindre enfin l'absolu de la créativité. Il y a un point fondamental à évoquer, la créativité ne se réalise pas sans opposition. Dans la société lorsque tout paraît simple, lorsque la réalité ordonne parfaitement la vie dans une rigueur administrative, avec ses règles claires, simples et acceptées dans une structure pyramidale rigide, il devient difficile de faire avancer, dans l'imaginaire de chaque homme et femme, l'idée d'un autre progrès plausible, cela n'est pas inné. Le fait d'entrevoir que le résultat de la créativité n'est plus ni blanc ni noir, mais qu'il est gris au final, surprend et déstabilise, change les habitudes car il nécessite une évolution de l'organisation de la société, la structure pyramidale ne permet pas le changement, et cela force une réaction contre le progrès. Pour favoriser le progrès, il faut sortir de sa routine, de *"sa boite"*, accepter le changement d'organisation comme une nouveauté pour le progrès, sans cela, la créativité et le progrès ne sont toujours pas possibles. Des figures de la société ont un rôle comme mythes autour desquels l'organisation s'agrège et se met en mouvement. Des personnes clairvoyantes chez Ferrari ont guidé la *"dream-team"* et permit le mouvement. Dans l'association idéale, il faut se dégager de faits, du jeu facile de l'immédiateté, de dénoncer une possible émergence de conformisme, de choisir une attitude positive vis-à-vis des adhérents, lui accorder un rôle philosophique, repousser le modèle autoritaire de l'expert, du spécialiste comme matrice de la chaîne de production d'idées, éviter l'esprit gestionnaire et comptable, et la bureaucratie. Les hommes ont appris à réfléchir au-delà des idéologies. Une *"dream-team"* respecte toujours les rôles hiérarchiques de chacun par contrat de ressources humaines, elle écarte cependant par nécessité, toute raideur dans les relations professionnelles et ouvre le dialogue horizontal sans restriction.

L'échec arrive dès la mise en place d'une raideur organisationnelle, où les talents sont cantonnés, encadrés dans leurs missions primaires. Le débat du chapitre précédent montre l'opportunité de la méthode d'un dialogue pluraliste paradoxal, comme voyage nouveau, cognitif, objectif et collectif ; intrinsèquement, ce fut le propre et la force de l'humanité depuis la révolution cognitive ; en fait, le but recherché est de permettre une évolution nécessaire de la démocratie sans grogne, sans dissidence et tenter une autre finalité de l'humanité devant l'anthropocène généralisé, là où les activités humaines ont un impact assez irréversible sur l'écosystème terrestre, la biosphère et les relations humaines. Les questions nouvelles posées sur ces thématiques sont de plus en plus difficiles à résoudre. Nous approchons un processus de développement nécessaire des mentalités des hommes ; on ne peut plus refuser d'entrer dans le mouvement de développement de connaissances qui aura des conséquences dans notre vie la plus quotidienne, qui exige des choix moraux. Il porte sur de nouvelles manières de vivre en société. Il est impératif de renforcer le dialogue entre nous tous, sans distinction ou séparation, pour éclairer nos choix. Il faut désormais aller plus vite que les sciences et les technologies en nous combinant comme humains et citoyens, de façon que $1 + 1 = 3$ mélangeant savoir, écoute et compréhension et aider au final, l'élite de la Cité, personne représentative, vers l'option d'un meilleur demain, sans erreur ni errance. Nous attendons le politique capable de proposer une autre manière de vivre dans un partage ajusté des richesses entre les citoyens de chaque pays, chaque ville, entre les nations, et les villes.

La puissance de l'argent et l'idéal de surconsommation ne sont plus des valeurs motrices de demain. Il est clair que beaucoup de citoyens commencent à aspirer un autre modèle que celui de sociétés hyper-riches réservées à peu, enfermées dans la tyrannie du tout économique.

– la mathématique –

Tout est mathématique, le sens de l'innovation, le sens de l'éclair dans la pénombre, la conviction d'ordonner ce que l'on perçoit subliminalement, la probabilité de rencontres paradoxales qui permettent la catalyse de la réaction comme reflet de la réalité. La mathématisation désintègre aussi les êtres et les existants pour ne considérer comme seules réalités, les formules qui gouvernent les entités quantifiées. L'intelligence artificielle est la mathématisation qui aura un impact sociétal ; cela a déjà commencé. L'innovation nait de rencontres paradoxales. L'innovation, la créativité, le progrès deviennent l'ensemble d'images sublimes communes, partagées qui conduisent à l'émergence du génie. Le rassemblement d'hommes dans leur cogitation lente, canalise l'imaginaire et le savoir jusqu'à la maturité parfaite par réflexions interactives successives. La Formule Un fut cet objet de perfection extrême que j'ai côtoyé pendant deux décennies. C'est un aboutissement de la possession finale de l'objet virtuel ou réel dans un monde magique après l'avoir parcouru lentement par tous les chemins incertains et difficiles. On ne peut que jouir de l'émotion finale de toucher l'objet désiré dans une conduite magique à partir de l'inconnu une fois maîtrisé. Il est tout ensemble, le rêve, la puissance et le doute. Il émerveille et il fait peur. Cette expérience dans deux écuries de Formule Un m'a permis de vivre un nombre extraordinaire de succès, de pole-positions et de victoires en Grand Prix, de titres de champion du monde, l'apogée de l'extraordinaire et du rêve que l'on croyait irréalisable. Cette expérience provoque questionnements et intuitions. Elle se forme d'une accumulation lente de sédiments d'innovations continues, de rencontres entre individus, de constitutions de connaissances nécessaires, de mise en place de réseaux inter-équipes efficaces composés dans l'espace de l'action entre les hommes et ensuite, d'un travail méticuleux de chacun pour réaliser l'œuvre unique parfaite. On est très loin de solutions inutiles qui stagnent dans le bourdonnement quotidien de la société, car elles introduisent l'idée d'une méthode, d'un algorithme, d'une grammaire, de règles, jusqu'à y mêler une vision de la rigueur de la Mathématique. Chaque instant de cette longue expérience avait l'apparence d'une vie dans un perpétuel état métastable où tout semblait infiniment lent à l'épicentre, peu de gestes, peu de zèles, le silence des études aussi. Il suffisait à l'intérieur, de créer une simple perturbation, celle d'un génie inattendu, réel ou virtuel, pour qu'elle devienne la nouvelle réaction en chaîne assez vive et provoquer la rupture nécessaire vers un progrès nouveau suffisant et atteindre derechef un nouvel état métastable supérieur. Quand les victoires s'enchaînent, on atteint l'obscénité dans nos comportements qui bouscule les premières habitudes pour devenir une nouvelle habitude. Cet ensemble de réactions portant à l'innovation prise dans sa globalité, ne peut que croître lorsque l'élite dirigeante suscite cette puissante adhésion interne et externe dans l'espace de l'action entre les hommes, l'innovation devient continue grâce à la capacité créative ainsi permise et favorisée, elle offre la victoire continue. C'est cette ambiance que je cherche à transférer à la Cité, lorsque le Citadin devient un acteur, et non plus confiner à un rôle de spectateur-consommateur.

Le progrès peut s'arrêter brutalement de croître lorsque l'élite dominante cesse de maintenir cette créativité, quelquefois en incisant les liaisons vitales entre les interstices des hommes, quelquefois en inhibant la réaction, comme dans une réaction en chaîne nucléaire ou une réaction de combustion, lorsque des éléments réactifs sont absorbés en trop grande quantité par des contrôles intérieurs et extérieurs. La logique de contrôle de la nouvelle minorité dirigeante dominante, car cela est bien son but, étouffe la capacité créatrice de l'équipe par son exigence extrême de prédictibilité des résultats, comme si une nouvelle victoire en Formule Un pouvait se planifier ou se décréter, là instantanément, la *"dream-team"* meurt. On s'écarte de la méthode originelle, on ne peut que permettre la victoire en alliant les hommes et en leur donnant les moyens, non en leur donnant des ordres dans un planning de résultats. J'ai vécu ces deux épisodes chez Ferrari, la lente naissance et la mort rapide ; j'ai quitté Ferrari et la Formule Un aux prémices de son effondrement, lorsque l'espace entre les liens subtils, se désagrégea brusquement le lundi 9 octobre 2006, l'instant de la publication de l'information du licenciement de trois personnes, dont le pilote ; cela restera le principe de mon divorce avec Ferrari, pas l'unique motif ; le sens de ma vie se trouvait dans ces relations humaines formidables, tissées avec le temps et de la façon comment elles avaient été construites. La rupture du moteur de Michael Schumacher lors du Grand Prix du Japon la veille, ne justifiait pas la destruction de ce qu'on avait bâti en ressources et relations humaines durant de longues années. Durant les années précédentes, bourgeonnait l'envie forte de certains "petits chefs" de s'approprier le pouvoir générant tant de victoires ; ils ignoraient les mille liens tissés dans l'équipe qui permettaient de tutoyer le triomphe ; s'ils le savaient, ils ignoraient la fragilité des liens ; la philosophie de l'organisation humaine suivante chez Ferrari, fut un échec.

Le premier graphe qui suit, montre l'évolution de la *"dream-team"* Ferrari.

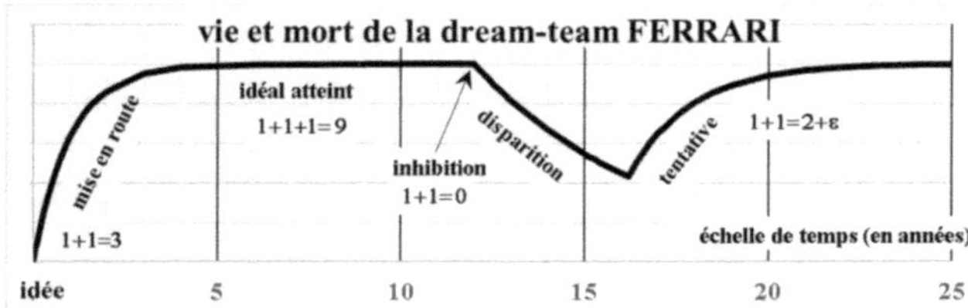

Le deuxième graphe montre la croissance et la mort de l'association CEERF que j'ai présidée jusqu'au référendum ; ses statuts exprimaient **1 + 1 = 3**. Le référendum pointe le triomphe et sa mort ; la ligne en pointillés montre l'absence de philosophie des voleurs. On ne dépouille pas impunément une *"dream-team"*, sauf pour des envieux, car c'est leur loi de la jungle !

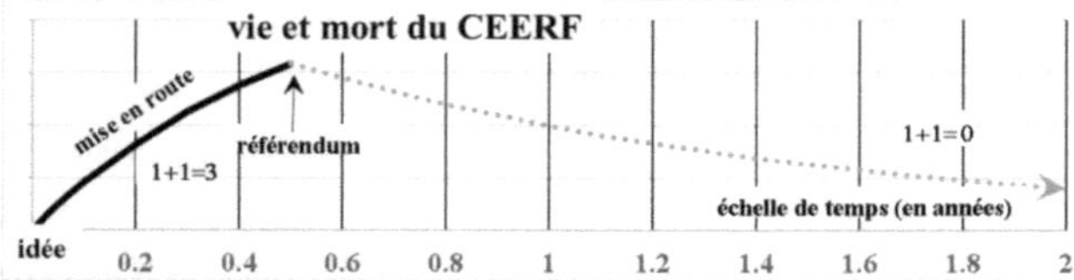

Cela existe en démocratie. Ce qui peut prendre des années à construire le bonheur commun, peut se démolir en un instant lorsqu'une minorité dirigeante prend le pouvoir d'une façon ou d'une autre. Il est impossible de prévoir l'avenir par les plannings, mais le permettre par les moyens, les hommes, les rencontres, la philosophie. Une fois le processus d'imbibition des idées activé par ce type d'équipe dirigeante, l'équation devient **1 + 1 = 1** voire **1 + 1 = 0**, c'est l'effondrement. Il est difficile voire impossible de remettre en route la nouvelle réaction en chaine de l'innovation, due à cette absorption trop grande des réactifs par leurs contrôles intérieurs et extérieurs. Les conséquences deviennent visibles très rapidement, alors qu'un processus d'innovation n'est visible que longtemps après son émergence, car il est la rencontre paradoxale d'échanges, d'écoutes, de compréhensions, d'intelligences, de savoirs, dans le $1 + 1 = 3$ que l'essai promeut.

Il existe peut-être un autre processus qui aboutit à une maturité, un équilibre précis dépendant de contextes pour réaliser, dans un mariage d'imaginaires et de connaissances, le meilleur processus d'innovation. Il existe une condition optimale dans ce mariage. Trop d'imaginaires perturbent et dégradent la réaction, trop de connaissances étouffent les imaginaires. C'est le risque. Il existe un mélange optimal dépendant de conditions internes et externes, qui permette un optimum. De $1 + 1 + \cdots + 1\,(n\,fois) = 1.5 \times (n - 1) \times n,$ on ne peut pas associer à l'infini sans dégrader. Le graphe ci-après montre les interactions pour $n = 6$ et $n = \infty$. $n = 6$ est le meilleur choix de grandes entreprises innovantes.

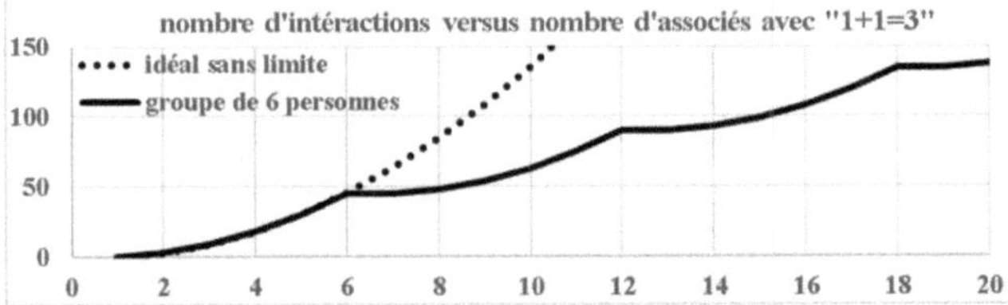

Il existe une méthode pour améliorer n, c'est le rôle de la communication pour que chacun des membres ait accès à la même information de la vérité, c'est l'ADN, la force de l'*homo-sapiens*, en évitant l'obscurantisme de groupes qui s'opposent à la diffusion du savoir, au progrès de la raison, pour imposer leurs préjugés, leurs croyances souvent d'un autre âge, leurs vérités. L'intelligence collective est l'idée de rassembler une dynamique d'acteurs, vecteurs de progrès, grâce à un changement culturel, grâce à la maîtrise de la communication autour de finalités partagées.

– l'invention –

La Formule Un est sujet sacré réservé à ses gourous ; la Cité est une lieu sacré réservé à ses Elites. Deux mondes parallèles où l'argent est roi. A ceux-là, leur pouvoir-faire se fortifie en s'emparant très tôt de chaque parcelle de nouveauté possible ; ils s'arrangent ensuite subtilement pour en devenir les agents organisateurs des rapports économiques et sociaux, de ses manifestations instrumentalisées. Ils rendent accessible la réalisation de leur utopie ; non pas celle du monde rêvé par une majorité désormais oubliée, mais la leur, celle d'hommes indestructibles, maîtrisant notre monde à leur façon. *"C'est moi qui l'ai fait"*. La Formule Un n'existe que parce qu'elle s'invente sans cesse, c'est sa loi de vie, car elle ne pourrait jamais se reposer sur un acquis. Cette loi est obligée pour au départ, calmer sa virilité dangereuse, la Formule Un peut tuer. Ce sujet de l'invention dans la technologie en Formule Un a bien un sens, c'est un morceau de ma vie réussie grâce à l'émotion suscitée devant un objet de désirs, de ses qualités intentionnées, du vrai partage entre tous, car elle n'est pas l'œuvre d'une seule personne au faîte de la pyramide ni celle d'un inventeur génial, mais celle d'une équipe dans une philosophie des relations. En Formule Un, il n'y a pas de dépôt de brevets, l'équipe conserve secrètement les projets. Pour réussir l'innovation, il y a la Mathématique, les sciences essentielles, une philosophie des rapports humains à insérer dans l'interstice de l'action. L'innovation est le thème à la mode, crucial pour la survie de l'entreprise, de l'humanité, essentiel avec ses règles.

● *Quelle innovation ?*

Les progrès sont souvent reconnus dans la dispersion par ceux qui en bénéficient en premier chef, mais ici, ils sont les *"spécialisés"*, les particuliers ; tout cela est très insuffisant pour définir le progrès du futur d'une "Cité durable". A outrance, la Formule Un est une machine hyper-sauvage suréquipée indifférente à la détresse du monde l'entourant, elle émeut, elle épate. Le parallèle avec l'anthropocène hyper-sauvage suréquipé sans lois est plausible, c'est ce que je découvre. Cela engendre de vives poussées d'incertitudes parmi les hommes. Elle devient une attente impatiente de chacun de nous dans le monde nouveau à imaginer du pouvoir-faire le bonheur de tous. Il existe aussi un imaginaire commun qui considère l'innovation comme la faculté mentale individuelle de son créateur pour expliquer ses capacités créatrices qui ne lui demanderaient aucun effort, aucun travail. Ceci est très faux, même chez Mozart ; l'invention est influencée par différentes connaissances dont on prend conscience petit à petit tout au long de notre vie, comme une superposition d'autant de couches de sédiments enrichissantes pour la genèse des idées. L'invention mûrit lentement avant d'apparaître au grand jour. C'est le prix d'un travail persévérant de communication, d'écoute, de discussion, d'apprentissage ; il faut acquérir une culture, dans un enseignement rigoureux, un approfondissement des connaissances. Il ne faut pas négliger les conseils des autres, il faut écouter avec une grande attention, étudier avec soin, accepter de faire l'effort de comprendre les points de vue différents des autres, et élaborer mentalement ce que sera l'invention. Elle n'est plus la propriété intellectuelle d'un inventeur esseulé, elle est dans la rencontre paradoxale de personnes, une combinaison d'événements positifs, qui la permette. Existe-t-il vraiment un ou plusieurs algorithmes mathématiques de résolution des réactions en chaîne de l'émergence de l'objet inventé ? Existe-t-il l'idée qu'un jour un calculateur assez puissant et programmé, génèrera automatiquement des innovations qu'il développera ensuite ? L'intelligence artificielle nous submerge à grande vitesse, il ne faudrait pas qu'elle nous impose sa vision de bonheur. Cependant on sait bien combien Google ou Facebook savent mieux que nous, parfois, lorsqu'ils ont rassemblé qu'un petit nombre suffisant de données, qui nous sommes. Ils pourraient un jour proche, nous suggérer le bulletin de vote à mettre dans l'urne car ils savent mieux que nous, que nous sommes influencés par les tout derniers événements qui, eux-mêmes, grâce à leurs algorithmes, portent en avant, et que nous changerions le cours de l'histoire inconsciemment, en déposant dans l'urne un bulletin de vote contre nos propres idées, alors qu'*a priori*, nous aurions probablement choisi l'autre option que notre conscience nous poussait initialement à faire.

• *Quel est la réalité de notre conscience individuelle ?*

C'est ma crainte des référendums ou des votes comme sujet de cruauté, car les choix individuels sont pollués par des groupes qui s'opposent à la diffusion de la vérité, au progrès de la raison, pour imposer leurs préjugés, leurs croyances, dans une guerre sournoise pour déstabiliser la démocratie.

Je reviens vers le champ politique et social. Je voudrais donner corps à une idée ou à une méthode d'innovation ; il s'agit de prendre en main le désir d'avenir commun de notre Cité en ordonnant la vision par l'écriture essentielle de le dire intimement en exprimant ce que je perçois aujourd'hui, en exprimant le bonheur intime d'inventer réellement et le même bonheur de l'envie d'inventer en interagissant avec le monde humain existant. Il y a un plaisir indéniable dans l'invention, une victoire, un dépassement dans la difficulté, hors de la zone de confort dans la résilience permanente de la recherche de la découverte ; il faut le vivre une fois, c'est une jouissance extrême. Il est frustrant, voire douloureux, de savoir que notre propre idée ne verra jamais le jour car tout le raisonnement aboutissant à son invention est basé sur une logique personnelle au fil du temps qui dit la démonstration et sa sortie du mystère profond pour une solution finalement simple et évidente, une fois au grand jour. Il est également frustrant lorsque la pensée de la bonne invention permet bien son application dans un jeu de la vie. Ce n'est pas l'annulation du projet qui est douloureux, mais le refus de l'invention. Il faut l'accepter, c'est une habitude.

L'innovation commence au départ par une prédisposition du public au projet, ou aux médias à permettre son irruption, consentir son propre développement et la diffusion de son émotion particulière la plus large. C'est une utopie. Il y a de grands exemples, ces missions de conquête de la lune de la NASA, permises grâce la technologie, l'élan médiatique et la une vive adhésion du public pour permettre la grandeur nouvelle des USA en compétition avec l'URSS ; incidemment elles ont eu d'incroyables effets toujours visibles aujourd'hui, dans la technologie, la santé, la communication, invisibles au lancement du projet, mais permis. Sa disposition est son histoire originelle. Sa fortune se poursuit grâce à l'innovation continue avec des règles de jeu et grâce à des dirigeants créatifs. A partir de l'instant où la scène théâtrale émouvante fait naître le mythe, ou la tribu, il se crée le champ de forces dynamiques qui favorise et pérennise son succès. Pour réussir cela, il est nécessaire d'en permettre la philosophie ; ce sont les logiques collectives qui sont la clé et le cœur des innovations. Ces aspects modernes du progrès s'éloignent petit à petit du domaine originel issu des visions messianiques, l'exemple de Charles De Gaulle est le dernier de ceux-ci, si on évoque la politique. La Formule Un avait ses messies, Ferrari, Chapman, Duckworth, Dudot. Aujourd'hui, cela ne paraît plus possible, tout serait-il devenu tant hyper-complexe ? Ces messies ont forcé dans le rapport inverse, l'irruption de nouvelles technologies pour convaincre le public et les construire dans la réussite relative d'une compétition légitimée, c'est cette chose paradoxale de l'innovation technologique du passé devant celle actuelle dans le contexte socio-économique contemporain et la profusion continue des savoirs qui conditionne le futur de l'innovation. Airbus a pu naître, tout comme le TGV, les technologies du nucléaire. Ces grandes inventions naissent de rencontres incroyables entre individus qui trouvent un parfait équilibre, entre eux-mêmes, entre l'individuel et le groupe, entre l'étonnement et l'expertise. Cette proximité en Formule Un entre la

Mathématique et l'Art, fut l'instant merveilleux de l'union où la technologie émeut, quand la Mécanique devient Art et inversement. Qu'en est-il aujourd'hui ?

- *Notre univers est-il vraiment devenu tout mathématique jusqu'à l'enfermer dans des algorithmes ?*

- *A-t-on besoin que l'innovation existe ?*

La Formule Un que j'ai vécue, était celle quand la Mécanique devenait un Art, une émotion, un mythe, un rassemblement positif de personnes de cultures différentes ; elle était un objet technique à part entière de compétition automobile fortement arcbouté sur les revenus du marché d'un spectacle de grande virilité. Cet univers a résisté au temps pendant des décennies, grâce à la progression d'une composante féminine bienveillante qui la protège d'un cocon. Il y a quelques décennies, la Formule Un tuait les pilotes, cette virilité masculine qui tue, était acceptée comme une normalité. Les choses évoluèrent. Aujourd'hui, l'habitacle est devenu une cellule de survie qui protège le pilote en cas d'accident, elle subit des crash-tests de validation. La comparaison avec l'évolution des technologies dans la société est possible. Le réchauffement climatique est cela, c'est une virilité masculine permise qui tue pour des gains économiques. L'innovation est l'authenticité que l'on donne à un univers singulier que chacun d'entre nous s'approprie plus ou moins en sachant, avec son angle de vue limité lui créant une mode que l'on souhaiterait nouvelle. L'innovation, quel que soit l'objet observé, est la magie nécessaire de la boule de cristal que l'on fixe des yeux, l'astre lointain que l'on fixe du regard, une lune que l'on observe. Cette mode créée n'est strictement que le phénomène social limité, éphémère qui disparait dès qu'elle perd sa singularité. Pour maintenir une mode et ses effets sociaux, il faut inlassablement projeter l'innovation dans l'avenir avec l'aide de l'anticipation, de la clairvoyance ou bien le rêve d'un futur préféré. Elle devient la présence d'un parfum entêtant qui nous enivre. Cette chose sublime est un esprit, définissons-le comme esprit d'équipe, ou *"team-spirit"*. L'association idéale, association de personnes de sensibilités diverses, a un esprit d'équipe, celui que j'ai vécu dans la *"dream-team"* Ferrari. Elle échappe à la bande de copains. Un parti politique ou une association de militants ne sont pas des *"dream-teams"* ; une équipe sportive est un bon exemple. Des entreprises, tout aussi loin de ce que mes lectures m'apportent, tendent vers cela, je ne sais pas si cela s'avère.

On s'écarte de l'immobilité de règles de jeux traditionnels, l'innovation crée dans l'espace de l'action, la discussion dynamique partagée entre les différentes connaissances : technologie, social, environnement, exploit, économie. L'innovation intrinsèque prend origine dans les connaissances techniques, dans les analyses du marché, dans les sujétions sociales et environnementales pour apporter à la collectivité, une nouvelle attente curieuse de sa finalité ; chose complexe, la collectivité et le citoyen sont à la fois, acteur et spectateur. Le gain de l'attitude permet un progrès social et sauve l'écologie des relations entre l'être humain comme être social et son milieu socio-économique dans lequel il évolue. Arrêter l'innovation, figer la technologie, l'uniformiser, proposer une définition techniquement erronée sont à l'opposé de l'aspiration profonde et l'émotion innée du citoyen. Il ne s'agit plus de projections d'avenir pour concevoir un vrai projet, mais de gaspillage avec des effets secondaires qui accentuent les inquiétudes du citoyen, un maquillage destiné à présenter un tableau pour une efficacité ou une rentabilité supposée. Le philosophe Alain écrivait : *"L'homme n'est qu'heureux que de vouloir et d'inventer"*. Lorsque l'empire de son imaginaire est déréglé, l'homme sombre dans l'ennui, créateur de tristesse ou de rêverie attentive. La souveraineté de l'homme heureux apparait lorsque l'événement lui donne raison comme acteur, et non comme spectateur. L'invention est source de satisfaction, la vouloir permet de se fixer les objectifs, de mener ces projets de vie. C'est cela le long débat avec notre vie quotidienne.

Nous œuvrons tous, à quelque niveau que ce soit à la prospérité et à la grandeur de la France, c'est un peu notre fierté car nos racines de vie sont là essentiellement. Nous y contribuons par notre travail, par l'éducation que nous donnons à nos enfants, par notre participation à la vie locale ou associative, en tissant les mille liens de fraternité et de solidarité qui constituent une société. La politique, c'est d'abord cela. Chacun a le souci du quotidien, du local, du concret, tout cela, au-delà des clivages partisans. C'est une chance à saisir, pour réinventer ou rénover la démocratie et prendre en main la Cité que nous voulons, redonner un nouveau souffle à la politique au sens noble, une nouvelle séduction où chacun y retrouve la reconnaissance. Il n'y a pas de démocratie sans participation effective des citoyens. Le repli dans sa sphère privée, par rejet de la conception locale étriquée et partisane de la politique, fait courir à la démocratie un danger mortel par étouffement progressif de l'expression de ses habitants, par la dictature, par la mise au pas de moutons obéissants. Tout corporatisme refuse *a priori* de considérer toute autre idée, quelque vrai qu'en soit le contenu. La vérité dépend du groupe qui la prend pour objet, l'utilise à son gré, afin qu'elle se colle à lui. Dans le collectif, la puissance et le nombre gagnent ; la vérité a besoin de silence issu de la solitude.

Comprendre la Cité, percevoir son âme, exige de commencer par son climat, ses paysages, ses agoras, ses habitants et leur déhanchement, avant de parcourir les livres. Le vrai philosophe essaie l'expérience de penser librement, pour soi, assumant un risque ; ne serait-ce pas là cette étape véritable obligée pour les futures élites de la Cité ?

– la Formule Un –

J'ai travaillé durant deux décennies en Formule Un avec l'orgueil et le sentiment spécial du privilège d'un tirage au sort de l'embauche ; c'était déjà mon objectif recherché en *"Math Sup"*. Je me suis épanoui intellectuellement et humainement spécialement durant cette période de rêve, jusqu'à ce que je me rende compte un jour, des dépenses d'argent, c'est-à-dire l'évolution des budgets nécessaires chaque année, se dérobant aux vrais enjeux économiques. Un jour, on réalise la vanité d'une vie dédiée à la course vers la fortune, le plaisir, le pouvoir, la gloire, on s'interroge lentement, on aspire à une nouvelle conception de sa vie. La félicité découle de la sagesse de ces moments. La période de 2004 à 2007 me devint étrange avec l'observation de cette exubérance de tout de cette entreprise devant l'Humanité qui mute vers une communauté de destin unique fragilisée par une urgence climatique dans laquelle j'avais participé, sans le savoir, à l'aggraver. C'est un sentiment profond, lorsqu'on se pose enfin la question du sens de sa vie. 2004 avait été une année parfaite sans aucun défaut, nous gagnions toutes les courses sans effort ; 2005 fut un échec suite un défaut technique d'aérodynamique incompris toute l'année. 2006, fut la mort de la *"dream-team"* en fin de saison. 2007, une nouvelle équipe prenait les commandes, à l'esprit opposé de la *"dream-team"*. Je ne me sentais plus complice de cette organisation humaine, de ce qui s'y produisait. Au-delà de la mort de l'organisation humaine comme décrite auparavant, les chefs d'écurie de Formule Un avaient toujours cru que le progrès technologique était illimité et qu'il apportait le progrès économique jusqu'au jour où apparût une vraie difficulté économique moins gratifiante d'un retour sur investissement devenu pénible à retrouver lorsqu'il atteint de tels sommets. En fait, l'équation naïve était à priori simple ; plus on dépensait de l'argent, plus on allait vite, car la valeur ajoutée du travail supplémentaire possible permettait les recherches en développement de meilleures performances et augmentait la capacité de gagner ; j'étais au cœur de ce processus et happé par celui-ci, car cela fonctionnait bien. La maîtrise du réglage des dépenses par rapport aux gains possibles demeurait plus ou moins acquise et intuitive, jusqu'au jour où la pente de dépenses nécessaires pour devancer la concurrence, devint vraiment trop raide et insupportable pour que chaque écurie tienne encore le coup économiquement. Nous avions failli dans l'excès du progrès technologique dans la Formule Un, cela devenait trop coûteux pour atteindre l'option d'une victoire devant une perception morale et sociale ; c'était clairement la faute d'objectifs politiques fixés aux ingénieurs par ses décideurs. La palme de ce gâchis revint à l'écurie Toyota qui courut pendant une dizaine d'années sans aucune victoire, dépensant des sommes faramineuses ; ils auraient pu être champions du monde des bancs d'essais sans conclure sur les circuits. Ils s'empêtraient dans une maturité intellectuelle médiocre pour décider leurs objectifs. Les raisons de l'échec sont l'acquisition de connaissances utiles dans tous les secteurs sur le tas de connaissances nouvelles disponibles, tas devenu gigantesque et augmentant sans cesse à une vitesse vertigineuse que ne pouvait plus embrasser raisonnablement cette équipe d'ingénieurs pour faire croître leurs projets. Sur ce que Toyota butait, cette profusion de connaissances, il se présentait aussi aux autres écuries. L'expérimentation réelle sur les circuits montrait l'évidence d'un système de compétition automobile divergeant avec de fortes instabilités ; il n'y avait plus de limites réelles, mais en même temps nous étions fiers de nos projets, lorsque l'équipe réussissait des exploits technologiques, comme ce moteur de 3 litres de cylindrée, de 90 kilogrammes, développant 910 chevaux à 20 000 tours par minute. Au-delà d'une fierté instantanée, de la démonstration de la capacité humaine d'une *"dream-team"*, je commençais à me poser la question du sens d'un tel projet pour l'Humanité, sinon le fait positif que des ingénieurs, réunis en *"dream-team"*, étaient capables de tels projets impensables. Georges, un anthropologue, contribuait à l'argumentation sur le sens de ma vie dans ce monde spécial. On tentait par moments de calmer l'atmosphère par quelques modifications de règles pour rendre supportable la raideur du chemin vers la victoire. Il est clair, sans limite de budget, la crise financière due aux "subprimes" dès 2007 l'enraya, et sans restriction technique, les ingénieurs peuvent créer l'incroyable hors de la raison humaine, la méthode d'innovation en *"dream-team"* fonctionne. Cependant concernant l'option de la baisse de budget, des absurdités sont apparues, lancées par ceux qui ne sont pas techniciens. Le V8 moteur imposé par le règlement en 2006 au lieu du V10, n'était en rien une économie substantielle de dépenses, au contraire, c'était un moteur plus complexe ; certes avec deux cylindres en moins, mais d'une architecture imposée, plus coûteux à développer, ce que les "huiles" ne savaient pas. En même temps, l'art de ce spectacle, l'émotion forte de la Formule Un ultime, subissait le contrecoup du désarroi, on divulguait une caricature de sa culture technologique, l'enfermant sur elle-même. La liqueur technologique qui suintait du spectacle, et dont chacun aurait recherché à s'approprier les bonnes gouttes, semblait s'évanouir. L'asymptote de l'émotion tendait vers zéro, car l'économie sacrifiait la technologie : plus on dépensait, moins on se passionnait, comme si le voyage dans le temps de la Formule Un depuis ses origines et ses vagues d'innovations, avait été écrasées par des instincts singuliers inextricables, ne laissant place qu'à la fierté et aux souvenirs.

La comparaison avec des choix politiques est plausible, quand l'Etat et les Villes dépensent de l'argent pour améliorer de façon irréfléchie, le quotidien des citoyens pour rien, sinon dilapider des milliards ou des millions, sur les seuls conseils d'économistes. C'est l'adhésion collective à un raisonnement fautif qui nous amène à une telle situation. Toujours aujourd'hui, les décisions les plus importantes, orientant le devenir de la collectivité humaine, sont prises par quelques personnages appartenant à la minorité. Se trompent-ils ? Leurs mots, en prenant le fondement de leurs décisions devant lesquels nous nous prosternons, demeurent dans les limites de leur entreprise : ***"concurrence"***, ***"rentabilité"***, ***"compétitivité"***. Des mots dont l'omniprésence, dans les arguments justifient leur décision, par des raisonnements économiques.

● Où se situe le concept d'avenir de l'Humanité dans les choix politiques lorsque l'économiste pervertit tout ?

– l'ambivalence –

La "Formule Un" combine intentionnellement une ambivalence féminine et masculine entre la protection du cocon et l'excès de la vitesse de son spectacle ; ces critères sont essentiels à maintenir l'héroïsme, car ses pilotes reviennent sains et saufs, vivants, à l'issu du Grand Prix. Elle tente avec succès d'atteindre des limites humaines où la poésie existe encore. Les comportements sociaux et émotionnels sont complexes et énigmatiques dans l'interaction homme-machine, entre la peur de l'accident mortel et l'attirance pour une vitesse inhumaine. Rendre la Formule Un plus rapide et plus sûre est l'ambiguïté de la discipline qui a déjà vu tant de sacrifices de vies humaines, de pilotes devenus héros mythiques ; elle doit contenir ses dépenses pour maintenir la renaissance continue de son marché, le Grand Prix, un simple spectacle médiatisé. Si, à l'origine, elle était un modèle de sexualité masculine, on acceptait la mort fatale des pilotes, elle s'est petit à petit féminisée et offre un meilleur cocon de protection comme sa cellule de survie dans laquelle s'enfile le pilote ; cette vision s'accélère à chaque nouveau drame en course. L'observation et l'exploration de l'inconnu semblent entrer en résonance avec d'une part l'attente fiévreuse du spectacle, et d'autre part la recherche technologique plausible. Aussi loin de mes souvenirs, j'ai vécu la Formule Un, comme l'approche de l'Art et de la technologie qui combinent la mécanique exceptionnelle comme source d'émotion intime à la limite de la raison. Il n'y avait rien pour épuiser l'élan de sa splendeur dans son mystère, nous l'alimentions sans cesse. Dans les phases de doutes et de reconsidérations perpétuelles, nous pouvions vivre une époque qui privait la Formule Un d'avenir car elle se privait de ses connaissances, de ses cerveaux et ses capacités économiques. L'attente d'une victoire n'était plus l'espérance naturelle, mais l'angoisse de la fatalité. Cette attente privait les imaginaires des bureaux d'étude de l'innovation pour gagner.

L'humanité vit une grosse contrainte : l'énergie fossile qui a infusé la civilisation industrielle, deviendra de moins en moins disponible, le parc de machines qui fonctionnent à cette énergie ou un vecteur d'énergie issue de celle-ci, se contractera. La solution sera de tirer le meilleur parti d'une situation dans laquelle il faudra atteindre une optimisation du travail attendu avec énergie donnée, sous cette contrainte, c'est-à-dire, bien penser sa rareté pour penser à ce qu'offrira le meilleur possible à la collectivité. A l'opposé de baisser les bras, on est toujours dans une course contre la montre et comme on ne peut plus attendre pour s'y mettre, au-delà de l'épuisement des ressources de combustibles fossiles, il y a le dérèglement climatique dû à l'émission aux gaz à effet de serre, liée principalement aux activités humaines. Cet aspect évoqué combine l'ambivalence féminine et masculine de nos activités dans l'équilibre fragile entre la protection de la planète et de l'excès de sa dégradation. Adorerions inconsciemment encore ces héros qui dégradent notre biosphère, voire nous-mêmes, quand nous jetons avec désinvolture admirée par d'autres, nos mégots d'une pichenette, ou discrètement nos déchets, devant une bouche d'égout ou un caniveau qui finissent à la mer ?

Optimiser sous contrainte pour tirer le meilleur parti de la future rareté des combustibles fossiles, ne résout en rien la protection de l'humanité. Les comportements sociaux et émotionnels sont complexes et énigmatiques devant l'interaction homme-planète, entre la peur de la mort de l'Humanité et l'attirance par l'excès de technologie. Rendre l'Etat ou la Cité plus forts et plus sûrs est l'ambiguïté au seuil de ce monde nouveau à l'aube du XXIe siècle. Si on n'y prête pas attention, il n'y aura pas de place pour tout le monde, mais en même temps il faudra entraîner tout le monde, dans une démocratie évoluée, vers cette réalisation supérieure de l'Humanité. Il faut faire entrer en résonance d'une part, l'attente fiévreuse d'un monde meilleur et d'autre part, la recherche technologique plausible pour vivre durablement ; ici c'est assez clairement, décarboner l'économie qui se contractera irrémédiablement car il y aura moins de machines, contenir les dépenses pour maintenir un effet de renaissance ou le sursaut nécessaire "mythique" que l'on trouve au sein des communautés humaines, comme celui de la conquête de la lune ou la victoire sur le Nazisme. Le sursaut permet de rassembler tous les acteurs dans l'effort autour d'un objectif commun, d'un projet commun, qui donnera l'espoir à la collectivité. C'est le meilleur pari à faire, dans un monde devenant hostile pour l'Humain, en évitant surtout le mariage de la technologie inutile, du capitalisme sauvage et de la mégalomanie politique, recette du désastre en cours.

Ce sursaut est le propre, non pas de chaque individu isolé aussi génial soit-il, mais des interactions entre chaque individu, interactions trouvant leur efficacité dans la richesse des mises en commun dans chaque différent échange. C'est le $1 + 1 = 3$ voire $1 + 1 + 1 = 9$ de la *"dream-team"* qui gagne en sortant du monde infini, en allant vers la compréhension que le temps du monde est fini. La *"dream-team"* accordant un statut légal à tous, a le rôle essentiel d'organiser les échanges entre les individus de façon à provoquer l'émergence du savoir et de la richesse, et rendre ses membres conscients d'être eux-mêmes, une personne de l'humanité.

> • *Quel est ce projet commun innovant de la Cité ?*

III

La Cité

– la projection spatiale –

J'évoque avec le mot *"Cité"*, ce que chacun peut entendre. La Cité recouvre la Ville dans le langage poétique. Elle n'a pas le sens strict de la frontière administrative mesurée par les géomètres, mais celle d'un territoire imaginaire que chacun de nous trace mentalement sur une carte comme le lieu réel ou virtuel de la vie dans lequel on chemine de bon gré ; il n'a rien de figé. Il va du lotissement d'habitations, au quartier, à la Ville, à un territoire plus grand, à une région souvent chargée d'histoire, celle que l'on porte avec fierté, celle d'aïeux, ou celle où on se sent impliqué, un point de ralliement, de complicité ; je suis Normand, je suis Breton, je suis Corse, je suis Marocain, sans vraiment y avoir vécu, ou très peu. Des portions du territoire national sont appauvries, laissées de côté, abandonnées par les services publics ; leurs centres-villes sont désurbanisés, plus de commerces ; elles sont transformées en désert, on se désole mais elles restent ancrées dans les imaginaires (certains ressortent les vieilles photos ou cartes postales, lorsque "ça vivait") ; on ne les habite plus ou pas. Souvent l'âme singulière d'un quartier ou d'une ville possède un magnétisme, un champ d'attractions, de rencontres, de marchés, de jeux, de fêtes, … un magnétisme indicible que chacun perçoit, vit, dans lequel il se sent apaisé, où les traditions résistent encore dans les imaginaires face au moderne ou au sur-moderne qui demeurent aseptisés et vierges d'événements ; ce point est surligné sur une carte de la Cité. Repères magnétiques intimes de nos lieux de vie réelle ou virtuelle. Le travail nous contraint à vivre proche de celui-ci et non par choix de la Ville, quoique le contraire se produise, on peut choisir le travail dans la Ville qui nous attire, comme on peut travailler dans une Ville où le travail nous attire et habiter une autre très éloignée pour d'autres différents motifs d'attractivité, tant que la mobilité pendulaire le permet. Ce repère magnétique peut être celui de la résidence secondaire, du lieu de vacances préféré, de rêves, de racines, d'ancêtres vénérés, le village voisin de la maison que nous n'avons pu habiter pour mille raisons. Dans cette Cité, nous allons y vivre de plus en plus. D'un habitant sur trois vivant

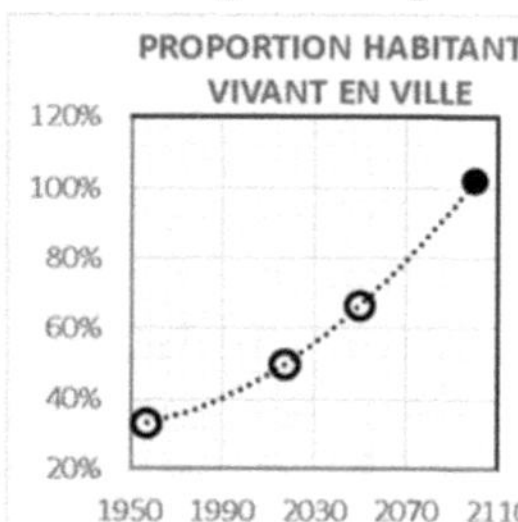

en ville il y a soixante ans, nous sommes aujourd'hui à un habitant sur deux, et dans trente ans, deux habitants sur trois, avec une population mondiale sans cesse croissante, d'ici cent ans, inévitablement, nous vivrons tous dans une ville. *Le graphe ci-dessus pose et extrapole les données de l'ONU.* Aujourd'hui, les Villes occupent 2% de la surface de la planète, absorbent 75% des ressources naturelles, émettent plus de 50% des gaz à effet de serre. Ces chiffres posent un nouveau défi. La Cité attire, elle est riche, elle est émouvante, elle concentre les pouvoirs et les emplois, elle sépare les gens, elle agglomère la pollution, la violence, les inégalités.

Malgré cela, la Cité, c'est là où on vit et où on vivra de plus en plus ; les campagnes et les petites villes se désertifient rapidement. Il faut planifier son développement, son urbanisme, son économie, son écologie. Il faut vivre, sûrement, sainement et civiquement ensemble. C'est le thème **talents pour la Cité de demain**. On ne peut plus, pour les prochaines décennies, faire n'importe quoi ni improviser sans malmener constamment la structure fondamentale de la Cité, souvent pour des gains autres. D'un point de vue personnel, les grands magasins en périphérie de la ville, la bétonisation des agoras, entrainent la mort de la vraie Cité, lorsqu'elle devient une Cité-dortoir. La créativité nécessaire pour son progrès doit se tenir à l'intérieur de la structure de la Cité pour que tous les citadins puissent s'y retrouver, non pas celle dictée par d'autres experts ou spécialistes. Si on innove dans la Cité pour une raison radicale, il faut prendre soin de bien expliquer à chaque Citadin ce qui est en jeu et le sens de l'innovation. La Cité de demain est la chose à embrasser délicatement, à comprendre, à cerner, qu'un individu seul, qu'un président d'association, qu'un décideur politique même dans sa tour d'ivoire de la lumière, ne pourrait imaginer, ils ne seraient que de pseudo-messies célestes illuminés par leur génie inventé. Certains candidats à des élections à des mandats politiques expriment, osent leurs certitudes avec courage ou supériorité, leur vision de la Cité de demain avant les élections ne perdure pas. Il faut porter le regard intellectuellement plus haut, c'est un effort que seul le Citadin peut faire, dans un lieu apaisé de l'intelligence collective. Cette nouveauté, il faut l'expliquer.

L'éthos du Citadin débute par ses excursions régulières qui lui permettent de cerner et d'appréhender son environnement immédiat. L'habitant de la Cité, le citadin, est immergé dans une société donnée qui l'entoure de son univers objectif repéré dans l'espace, le temps et dans une densité de proximités et d'interactions. Les us et coutumes de ce groupe de citadins habitant la Cité, contenu dans les limites administratives de cet espace, forment un système de valeurs apprises et un ensemble de règles implicites. La conception de cet espace est reliée par deux pôles, celui de la topographie, c'est-à-dire les limites administratives de la Cité avec ses propres codes et règlements administratifs, et celui des espaces d'échanges à l'intérieur de la Cité, c'est-à-dire les aires de croisement de personnes différentes, diverses, pas nécessairement habitants de cette même Cité, mais voisins, étrangers, touristes, badauds ; les espaces comme le sont les agoras (places de village, de quartier où se brassent, les marchés, les fêtes, les jeux, les bavardages), les lieux sacrés (églises, mosquées, cimetières, monuments de souvenir, …), les espaces de transmission des savoirs (écoles, collèges, lycées, universités, instituts, …), les espaces de détente (terrains de sport, salles de jeux, pistes de compétition sportive, surfaces d'eau, forêts, chemins, …), les espaces de déplacement (routes, trottoirs, passages piétons, feux de circulation, …), les espaces économiques du travail (fermes, usines, ateliers, bureaux, magasins, affiches publicitaires, …). L'imaginaire spatial du Citadin se perçoit à travers les caractères principaux de sa Cité : l'espace public et l'espace privé. L'organisation urbaine est imposée au Citadin par la structure sociale et par la vie de celui-ci dans cette structure.

Au fil du temps, la civilisation a construit et fait évoluer les structures de la Cité avec tout un réseau complet et complexe de représentations historiques, religieuses, industrielles, agricoles, mercantiles et sociologiques, qui relie de manière fluide et sans contraintes, les citadins à l'espace de leur Cité. L'imaginaire du Citadin est constitué de ces parcours, de ces frontières, étapes et de rituels dans lesquels s'articulent son appropriation de la Cité pour s'y implanter dans la dualité de l'espace-temps, parfois de façon discontinue ou hétérogène. Chaque citadin perçoit sa Cité dans son imaginaire pas toujours de façon pacifiée ; il existe des oppositions politiques, religieuses, communautaristes, comme si ses connections à sa Cité, étaient de permanentes sources de conflits dans l'imaginaire spatial sans toujours recourir à comprendre l'imaginaire de ses voisins ; on peut le regretter, ce qu'il faut éviter.

L'essai s'articule ici dans le réveil d'une prise de conscience de la dégradation rapide de la biosphère de l'humanité dans laquelle vit chaque Cité, dans le progrès des activités humaines ; cet anthropocène qui nous inquiète. Nous sommes au seuil du monde nouveau où s'accélère, le dérèglement climatique, la transition énergétique nécessaire (on va manquer de l'énergie gratuite du sous-sol, celle qui pollue ; il faudra se tourner vers le soleil qu'il faudra capter et stocker par différents moyens à développer), la révolution numérique, l'allongement de la vie et au-dessus de tout cela, ses nouvelles conséquences sociales sur la famille et son organisation, les relations humaines, les métiers inconnus et l'organisation de la Société. La croissance économique, répondant au capitalisme de marché, comme à celui chinois, exige, comme acquis intrinsèque, que nous relâchions les liens familiaux, que nous vivions loin de nos parents, pour assurer ladite croissance à long terme, en détruisant et démantelant les habitats écologiques, les structures sociales, les valeurs traditionnelles. Nous allons assister à la formation d'une classe non laborieuse massive dans la Cité de demain lorsque des personnes seront considérées sans plus aucune valeur économique, politique ou artistique, qui ne contribueront plus en rien à la prospérité économique, à la puissance et au rayonnement de la Société, une nouvelle classe inutile, inemployée et inemployable. Qu'adviendra-t-il du marché du travail dans l'avenir ? Cette tendance entre-aperçue n'est plus une fiction, notre système de santé est dans les mains d'algorithmes informatiques, les chauffeurs de taxi seront remplacés par des robots, la police par des caméras intelligentes, les facteurs par des drones pour livrer notre courrier, nos objets commandés, pourquoi pas nos baguettes de pain, et tout ce qu'Amazon envisage dans leurs bureaux d'étude. Que restera-t-il de nos boutiques du quartier ? Ces technologies concrètes progressent.

> - *La croissance économique, essence de modernité, est-elle plus sérieuse que les structures sociales ?*

Quand on examine l'histoire d'un réseau humain, la Cité est son point focal, il serait toutefois recommandé de s'arrêter par moments pour considérer ces choses-là dans la perspective d'une entité nouvelle. Notre histoire, celle de la Cité, est faite de milliers de récits alternatifs. Ces récits servent de fondations et de piliers à nos sociétés humaines. Cet arrêt momentané est essentiel car les décisions d'avenir risquent d'être prises loin de notre vie quotidienne, loin du mécanisme démocratique. Les technologies nouvelles prennent déjà de vitesse la vie politique de la Cité, et l'élite politique elle-même, cela prive le Citadin de vision d'avenir. Les équipes d'élus politiques deviendront de simples administrations, gérant la Cité au service du marché de ce capitalisme sauvage, ne dirigeant plus la Cité ; l'exemple d'un projet d'immeuble[6], monstre de béton couvrant l'ensemble de l'agora d'un quartier, est l'exemple typique parfait de ma pensée. Ces équipes politiques n'ont plus la moindre idée de la situation de la Cité dans dix ou vingt ans, elles l'avouent dans les interviews[7], car ce seront toujours ces forces du marché qui feront tout ce qui est bon pour elles-mêmes, et non ce qui est bon pour le Citadin ou l'humanité. Ces forces du marché sont passives devant les menaces du réchauffement climatique, comme devant la disparition de la moitié des métiers d'ici vingt ans. Le législateur peut cependant avoir un rôle fondamental en créant un large champ de contraintes légales pour éviter la mainmise anarchique de groupes sauvages sur la Cité, dont l'intérêt est l'immédiateté des revenus financiers sans gêne sociale ou environnementale. Les responsables politiques et les économistes pensent que la croissance est vitale comme la

---

[6] Exemple pris à Saint-Aygulf en 2017, quartier Fréjus (Var)
[7] Maire de Fréjus, magazine Bah Alors ! d'Avril 2019.

panacée du toujours plus, mais une croissance perpétuelle suppose un stock de ressources inépuisables sur lequel nous pourrions triompher un jour. L'ennemi juré de cette économie moderne est l'effondrement écologique dans notre biosphère fragilisée. C'est le paradoxe, ou l'équilibre dangereux, la débâcle écologique entraînera l'anéantissement économique, des troubles politiques et la chute de notre niveau de vie ; en fait, une forme d'effondrement de notre civilisation comme il y eut dans le passé, l'effondrement d'autres civilisations. Il faut donc, pour le politique et l'économiste, aller au-delà de la simple reconnaissance d'une complicité de la réalité de la dégradation de la biosphère. Ne sommes-nous pas devant un vif combat entre le bien (la croissance économique) et le mal (l'apocalypse écologique et sociale) qui devient chaque nouvelle année qui passe, plus difficile ? Est-il normal que l'Américain ait besoin, dans l'hypothèse où toute l'humanité vivrait comme eux, de cinq planètes pour vivre, l'Européen trois, tandis que le Vietnamien d'une seule. A-t-on besoin de six cent voitures par mille habitants en France, tandis que l'Indien n'en a que quatorze ? *"Je m'en moque, c'est leur problème !"* dit le riche, ce n'est pas mon problème. Chaque fois que l'habitant du bidonville cherchera à atteindre le mirage de l'opulence du riche, il rapprochera la planète du point d'ébullition **du jugement dernier** qui anéantira dans la fournaise, la terre, à jamais !

> - *Combien la démocratie, le marché, les droits de l'Homme survivront-ils à ce jeu ?*
> - *Comment projeter sa vie dans un monde qui se meurt ?*

– les femmes –

Les **talents de la Cité de demain** est l'inspiration de rencontres possibles positives de tous les Citadins. Si elles sont désirées naturellement pour l'échange de la connaissance et des savoirs, elles deviennent nécessaires pour la Cité. L'humanité évolue trop rapidement entraînant avec elle des changements sociaux. Accorder des droits politiques au peuple, au sens noble, accroît sans conteste sa motivation et son esprit d'initiative ; ceci est encore plus utile au seuil d'un monde nouveau et vital également. En superposition à ces aspects anxiogènes déjà évoqués de ce monde nouveau qui apparait petit à petit à notre horizon, le creuset familial, la famille traditionnelle, le sens de l'honneur, la jalousie, la séparation, qui sont la base de construction de la société, montrent une évolution nouvelle au fil des temps plutôt récents, et une difficulté nouvelle de perpétrer les traditions qui étaient des facteurs de stabilité d'une constellation de relations, comme pouvoir économique et social et aussi le véritable creuset de la société. L'enfant est le futur décideur de la Cité. Son imaginaire infantile évolue. Les personnages clés de sa fabrication sociale, la mère, le père, la société proche (école, rue, terrains de sports, autres lieux de socialisation, scoutisme, associations, …) jouaient, il y a un temps, un rôle de stabilité, mais aujourd'hui, deviennent instables car ils changent très vite. Il y a des familles monoparentales, des familles divorcées, des familles recomposées, des familles de couple homosexuel, …. C'est une première vraie rupture dans la société qui apparaît après plus d'un siècle de laïcité, avec l'effondrement de la religion fondatrice de la civilisation, et hors de la superposition des effets du numérique dans l'apprentissage de la vie de l'enfant : les jeunes adultes d'aujourd'hui sont des enfants déjà nés avec la souris de la révolution numérique, dans la main ; cela change très rapidement, l'écran tactile devient aujourd'hui, l'objet courant. La mère de l'enfant, la femme, prend un rôle essentiel nouveau dans la Cité du futur, hors de son rôle singulier de mère, elle devient le centre neuronal des interconnexions des problématiques sociales. La femme éclot enfin, elle apparait au grand jour, elle découvre la liberté. Pour éviter une confusion ici, l'identité de la femme contemporaine évolue ; son avancée dans la vie devient plus vaste, plus complexe et plus concrète que les rôles que lui accordaient les sociétés ancestrales : elle occupe maintenant une chaire liée à un pouvoir réel qui était autrefois, une prérogative masculine. Elle est généreuse et fragile ; on la respecte et la considère. Cet aspect n'a que quelques décennies. En France, les femmes votent depuis le 29 avril 1945. Le 13 juillet 1965 est promulguée la loi sur la réforme des régimes matrimoniaux, les femmes mariées peuvent ouvrir un compte en banque sans l'autorisation du mari. La gente féminine peut intégrer l'Ecole Polytechnique depuis 1972. On pourrait égrener de multiples interdictions que les femmes ont eu à combattre. Or les Cités telles qu'elles sont aujourd'hui, se sont construites au fil des siècles, sans que les femmes n'aient pu avoir le pouvoir de décider. Pourtant ce sont elles qui portent la structure latente de la Cité, de la Société ; et paradoxalement, elles sont plus orthodoxes, plus conservatrices que les hommes. C'est ce que je notais lors de ma présidence à l'apogée de l'association CEERF en 2017 qui défendait la survie de l'agora du quartier face à la destruction programmée par les décideurs politiques, les deux tiers des adhérents étaient des femmes, un tiers d'hommes, c'est-à-dire deux fois plus de femmes que d'hommes pour sauver le lieu de vie quotidienne de rencontres sociales. Est-ce un signe des temps ? Non, on observe ce phénomène en Bretagne à Plogoff dans les années 70 jusqu'en 1981, pour s'opposer à l'implantation d'une centrale nucléaire. Les femmes en majorité, se mobilisent lors de l'enquête publique en 1980 ; la tournure violente nait avec l'arrivée des mâles antinucléaires. On a bien une réalité, les femmes sortent enfin de leurs foyers, de leurs maisons. Les *"petites mains*[8]*"* du CEERF, ainsi nommées, étaient essentiellement des femmes ; elles encadraient avec courage et dévotion l'animation du mouvement éphémère non-violent qui permit la sauvegarde de la vie de ce quartier empêchant le monstre de béton. Cela a un sens malgré une certaine timidité ; l'agora est le lieu social essentiellement féminin, occupé en majorité par des femmes et les enfants, les marchés bihebdomadaires, les courses au village, les jeux d'enfants … La femme et la mère deviennent le nouveau socle constructeur de la Cité de demain dans l'imaginaire des citadins ; elle est un être senti comme ambigu, à la fois délicieux et redoutable, elle est pôle d'attraction et d'aliénation, contradictoire, contrastée, fascinante et répulsive. Son émancipation dans la Cité évolue très vite ; le

---

[8] "petites mains" : expression utilisée dans "notes d'introduction à l'association idéale", pas nécessairement d'adhérentes, qui animèrent durant de longs mois, le sauvegarde de la place de la Poste à Saint-Aygulf – quartier de Fréjus (Var) jusqu'au référendum en 2017.

législateur, encore majoritairement masculin, s'est empressé de fixer rapidement des quotas de femmes sur les listes électorales pour une notion de parité, ce qui est *a priori* positif au départ, mais à condition que cela ne le soit que de façon transitoire ; c'est une discrimination positive, comme un enterrement de l'Egalité républicaine ; un autre exemple aussi complexe peut être évoqué ici par comparaison, lorsque l'on crée des filières d'accès aux Grandes Ecoles pour les élèves issus de ZEP, zones d'éducation prioritaire, zones de la Cité. Est-ce que cela entraîne la disparition à terme des problèmes d'intégration ? N'est-ce pas là clairement l'émergence d'une nouvelle discrimination, soit par le sexe, soit par le milieu social ? Il se crée maladroitement un ou plusieurs apartheids de places réservées numérotées à untel, unetelle ou tel autre comme si la société se composait de cette mosaïque de personnes juxtaposées, hiérarchisées, avec leurs places réservées ; par exemple, lors de ces conférences publiques où la plèbe est séparée de l'élite de la Cité par un ruban noir attaché aux poteaux amovibles, comme pour éviter la confusion, une mixité sociale avec l'élite. Cette narration de la discrimination positive présente la figure terrifiante de la femme, comme si les hommes fabriquaient volontairement ces scenarii afin d'échapper à la peur inconsciente de cette nouvelle prise de pouvoir par les femmes dans la Cité, la peur de combats féministes, la peur de leur intelligence tout simplement, diverse de la leur. Pourtant, la Cité de demain sera inventée par les femmes comme un nouveau cocon protecteur nécessaire, cette cellule de survie comme en Formule Un, devant l'humanité qui se dégrade dans l'anthropocène d'une société plus conviviale qui exclut la violence. Dans notre imaginaire, la femme avait un contrat biologique de la mère et de la femme ; elle sortait dans la rue derrière son mari, ou avec ses parents, avec toutes les interdictions sociales. Aujourd'hui, en quelques décennies les choses évoluent, les élites mâles tentent l'exercice de la cantonner à un numerus clausus par des lois, mais jusqu'à quel point cette discrimination résistera ? Quel sera ce point focal de convergence vers lequel les imaginaires de tous les citadins s'accorderont et convergeront pour comprendre que la véritable colonne vertébrale de cette Cité regroupera une pluralité de sexes ou d'origines sociales ou communautaires de tous ses habitants ?

> • *N'a-t-on pas aujourd'hui assez de signaux faibles pour enfin le comprendre et l'envisager ?*

– le conducteur par délégation –

La Cité ne se réduit pas à une raison économique d'échanges commerciaux, de travail, de transmission de savoirs, d'idéologies et de religions ; elle doit inclure aussi des segments de la vie festive, de rencontres ludiques ou sportives et de divertissement ; des jeux d'intérieur, de cartes, de dames, d'échecs, … et peut-être l'implication dans une vie meilleure dans l'art, la musique ou le théâtre. Nos fêtes de quartier sont désormais devenues un rituel mercantile depuis quelques décennies, fêtes qui ne durent que le temps de la location de la place par des promoteurs de fêtes, pour une raison surtout économique, attirer "les bonnes gens", souvent les touristes ou badauds qui n'errent qu'à la recherche de curiosités locales ; à la fin, c'est le néant, tout le monde repart. Il y a une dislocation des liens dans la Cité, une évolution des imaginaires qui semblent perturbés par l'évolution ou la peur des rapports humains. De nombreux citoyens deviennent narcissiques au point de s'enfermer anonymement derrière leur écran numérique de réseaux sociaux, pour jouir d'un pseudo-pouvoir ou se préoccuper de leur nombril attendant tout, comme un dû filial, des décideurs de la Cité ou de l'Etat, d'obéissance, de respect et de soins. De cette grogne, émerge de ce rituel éculé, le nouveau vœu politique. Le narcissisme devient l'humus de mouvements radicaux et populistes, amplifié par les algorithmes mathématiques des réseaux sociaux. Le décideur politique agit alors de deux manières : l'une de façon concentrée sur la gestion administrative de la Cité comme représentant démocratique, l'autre pour conduire l'épanouissement de la créativité et l'incubation d'idées dans la Cité. Cette curiosité et ce génie créateur sont permis par le rassemblement de la pluralité au sein la Cité, autour d'un support véhiculaire transcendant ; ils deviennent la vénération immuable grâce à la faculté de pénétrer les imaginaires des Citadins par l'esprit d'analyse et de synthèse qui permettent de sauvegarder la Cité d'une disparition imminente par son action unifiante. Cette curiosité nouvelle dans la Cité, grâce à l'épanouissement de la créativité, est le lieu de discussion nouveau qui existe entre la doctrine politique et la science. La religion et la doctrine politique requièrent la répétition disciplinée de leurs normes fondamentales – on dit la messe. La science par contre, nécessite une élévation intellectuelle de créativité et d'invention. On approche par ce raisonnement, les **talents pour la Cité de demain.**

Ce sont des éléments qui participent de la naissance d'un projet nouveau de société politique où les forces convergentes sont utilisées dans le but d'instaurer une architecture nouvelle d'ensemble de la Cité, unifiante, tolérante, mais aussi du point de vue de la représentation, car cela passe d'abord par ceux qui incarnent cet imaginaire de la Cité et qui permettent la grande incidence de chacun sur la marche des affaires publiques de la Cité. Le décideur politique devient le **conducteur par délégation** de cette opportunité. Il lui incombe certes, de défendre les habitants de sa Cité, de se préoccuper de leur alimentation de qualité, de permettre la mobilité urbaine, de favoriser la transmission des savoirs, de favoriser les rencontres sociales, d'accorder son approbation à caractère juridictionnel, mais aussi, enfin valant sur toute son administration normale, la conduite nouvelle de rassemblements pour favoriser l'**incubation d'idées neuves**, ou tout simplement le débarras de vieilles croyances, la création de l'architecture nouvelle de la Cité, notamment l'organisation de la Cité en favorisant les liens subtiles à l'intérieur des interstices du temps nécessaire de l'action entre les Citadins. Certains usent de mots pour qualifier tout cela, je proposerais si on me posait brusquement la question : *"démocratie délibérative*[9]*"* sans l'avoir déchiffrée ; l'action des talents va plus loin ou différemment. Les liens subtils supposent au départ cette nouvelle relation mathématique : $1 + 1 = 3$. Cela suppose une action intelligente dans la

---

[9] La démocratie délibérative, selon Rawls et Habermas, propose d'améliorer la démocratie en rendant la décision politique juste et légitime quand elle découle d'une délibération, d'une discussion entre les citoyens.

compréhension mutuelle de l'autre différent, cela conduit vers la création d'un nouveau vécu commun. C'est un état d'esprit face à la vie, qui apporte un sens nouveau à la vie. C'est l'aiguille d'une boussole intérieure qui se met indiquer l'inconnu qui va permettre de réaliser ce qui pouvait être considéré *a priori* impossible. Cela nous oblige à un effort intellectuel pour sortir d'une zone de confort. Le secret aussi, est que l'on mènera à bien de nouveaux projets, très souvent, à partir d'idées extérieures ; c'est là la richesse intrinsèque de l'*homo-sapiens*. Les doctrines politique ou religieuse n'y ont plus vraiment leurs places, car si chacun a sa propre perception de la Cité, par sa propre histoire et expérience, la Cité demeure la même pour tous ses habitants, une doctrine ou une religion ne propose qu'une projection de celle-ci sur leur axe intrinsèque, elle ne montre pas la projection sur un autre axe qui lui est perpendiculaire. Certains, la grande gueule, le gros bras, le gros ventre, le $1 + 1 = 0$, qui tentent de persuader, en imposant de force leur opinion face à une multitude d'opinions dans leur forme de dictature, s'évanouissent devant l'état d'esprit de $1 + 1 = 3$. Pour créer cette toile de perception commune statistiquement valable pour tous les citadins, il faudra la composer point à point avec tous les différents points de vue, une palette de multiples couleurs diverses, une projection de multiples angles de vue différents, où chacun retrouvera sa propre vision de sa Cité, comme il la percevait originellement, cette fois, dans une moindre dissidence. Cela ne va pas être simple, car chacun essaiera de démontrer à l'autre, aux autres, que sa vision de la Cité et que ses solutions sont les meilleures. Il faut créer la confiance et le respect mutuel dans l'idée $1 + 1 = 3$. La grammaire permet de définir les règles et la méthode pour arriver au succès.

– la grammaire –

La notion de grammaire utilisée dans le progrès de la Cité, est le but recherché dans son acceptation inhérente dans les limites de l'expérience que j'ai pu acquérir ailleurs, et que je peux transposer, grâce à l'exemplarité de succès, dans la Cité. La grammaire est un Art dans le style de l'innovation, dans les rencontres de personnes, une méthode mathématique qui a la faculté d'ordonner méticuleusement la vie imaginaire de chacun ou du groupe, pour rendre la vie plus agréable et heureuse. La grammaire regroupe des règles et une méthode qui régissent cet Art et qui conduisent avec habileté à l'innovation, à l'émergence d'idées neuves avec l'acquisition de connaissance des savoirs utiles, de la philosophie et des sciences aussi. Il est la grammaire de l'innovation qui relie le langage à tout langage possible. La grammaire donne la possibilité d'écrire une nomenclature précise avec des règles d'articulation. Les imaginaires de chacun ont une logique et possèdent un sens. Ils deviennent un lieu de partage entre le symbolique et le réel. Ils forment un ensemble de représentations structurées, stabilisées, mélange d'émotions et d'images. L'essai premier expose une méthode en cinq étapes sur l'exemple d'une place dans ce **"désir d'avenir"**. J'ai vécu une partie de ma vie à nourrir à l'extrême de mes passions grâce à l'accès à des sciences utiles, des savoirs nécessaires comme les Mathématique, Physique, Mécanique, ... toutes sources de connaissances et grâce à de liaisons fortes entre les hommes, ils composaient l'humus de la jouissance partagée lors d'une victoire. Je forçais un processus dynamique nécessaire d'essaimage dans mon équipe et autour de mon équipe au quotidien, pour rendre possible l'apport d'éléments suffisants à l'activité grâce à la variété et la complémentarité des qualifications disponibles. C'est un envoutement extrême de pouvoir accomplir ce qui n'avait pas encore été accompli, de repousser les limites de l'impossible. C'était aussi une façon de toujours rester les indigènes authentiques du monde que nous construisions pas à pas ensemble, et non plus des étrangers débarqués et dépaysés par l'inédit, qui habiteraient le monde nouveau en le méconnaissant ; on parle ici de *"dream-team"*, d'une ambiance spéciale qui va au-delà du simple esprit d'équipe, d'une équipe capable de s'embarquer sur un voilier pour un tour du monde et battre les records grâce à des désaccords. C'est une satisfaction que d'observer la modernité qui rend fécond un tel mariage entre les sciences appliquées applicables et le résultat jusqu'à engendrer les victoires essentielles à l'existence de son économie marchande. La rigueur grammaticale est nécessaire pour régir cet Art jusqu'à l'émergence d'idées lumineuses ; c'est ce qui m'a permis de vivre de façon méthodique dans mon imaginaire à l'intérieur de l'équipe. C'est une attitude peu visible de l'extérieur, une forme de méditation secrète que n'influence guère les événements critiques en marge. Il y avait bien un spectacle et un public, ce n'était pas cette beauté qui m'attirait, car il ne produisait au fond, qu'une image bien maigre. L'âme de mon œuvre se situait dans ce réservoir exclusif des relations humaines entre sages atemporels ; sans sous-entendre, loin de là, que les autres représentaient une majorité aveuglée dans une certaine ignorance. La Formule Un est un exercice marginal de la vie, elle permet cependant une œuvre de succès continus grâce à l'élaboration d'une grammaire, et ici, la vie de la Cité pourrait se l'approprier ; cela suppose un effort de chaque Citadin, une part de gratuit dans la brièveté du temps de l'action utile, une compréhension des autres en vue d'élaborer une meilleure Cité commune. La logique obéit à un principe de non-contradiction, l'imaginaire comme le rêve, y échappe. L'imaginaire est par essence ambigu, il force à la culture du paradoxe. Des exemples pour la Cité : la croissance des dépenses de communication ou d'énergie va avec le désir de les économiser ; l'hypermobilité ou la vitesse avec la recherche d'immobilité ou de lenteur.

J'observe au travers de l'expérience personnelle combien il est difficile de détacher la part de virilité masculine de la protection féminine dans l'innovation ou le progrès, et en concomitance, combien il est fragile de vaciller d'un monde à un autre, entre la maîtrise de l'innovation par l'indigène et le jeu dangereux de l'étranger, c'est-à-dire celui qui ne maîtrise plus ce qu'il fait, enivré par l'exubérance de la nouvelle technologie ou le choix autoritaire de ceux qui méconnaissent les risques ; combien une dite-innovation imposée par un groupe restreint, pourrait atteindre le champ libre de l'indifférence ou la privation de libertés à l'égard du social. On ne peut pas prédire l'échec général ; le succès est difficile également à entrevoir et planifier, il se heurte à l'essence des choix et des hommes qui cernent ces savoirs et les fusionnent ensemble ; si l'innovation ou la rupture qu'elle offre à la Cité, présente une amélioration décisive, on ne sait pas combien on peut frôler l'échec fatal. Il faudra le temps pour percevoir l'amélioration ou l'erreur des choix. Ce temps "long" dépasse le temps "court" des mandats des élus ; pour cela, l'innovation de la Cité doit être l'œuvre en marge du décideur politique, il n'est là, par sa représentativité reconnue par une majorité, que pour administrer et conduire par délégation cette opportunité d'innovation.

Les sujets sont très vastes, on peut évoquer les innovations technologiques, comme les innovations sociales, on peut comprendre les risques des effets de mode qui courent au travers de la Cité ou la Société. Les thèmes d'énergies renouvelables, de développement durable, d'agriculture bio, ... les thèmes de la révolution numérique et ses conséquences sociales, regroupent bien des mouvances de groupes de pression capables d'influencer les citoyens, et dans certaines limites, influencer des groupes hétérogènes de citoyens, sauf si à l'intérieur de ces groupes, les échanges de savoirs sur ces thèmes permettent de mieux cerner ce que cache cette mode. La voiture électrique, l'éolien, le photovoltaïque sont ces exemples de phénomènes de mode où les individus s'y engouffrent par effet de *"foule"*. La génération de cette grammaire, ou de ces règles et méthode dans cet esprit collectif, devrait permettre de lister parfaitement des problèmes sociétaux en pensant, chacun impliqué comme citoyen, qu'avant de faire des choix, des études à 360° soient réalisées, avec l'analyse de tous les impacts, afin de réduire les erreurs futures.

Le citadin impliqué dans la mouvance d'innovations ne va cesser de transformer son imaginaire et d'améliorer sans cesse ses projets jusqu'à un point qu'il pourrait mal comprendre intégralement ce qu'il souhaite construire ; il s'enfermera alors petit à petit dans une addiction puissante jusqu'à méconnaître ses conséquences par indifférence. Il n'a plus les deux pieds sur la terre ferme, il est balloté dans un autre monde, un monde surréel. Le monde dans lequel chacun vit dépend de notre façon de le créer selon la nature de son intelligence ; cette nature possède ses qualités, selon les mêmes résultats, qui varient de pauvre à riche selon nos perceptions. Cette forme de modernité rendue possible grâce au pur produit d'un Art, du fruit de ses recherches et de son savoir-faire mène plus à un excès qu'à une valorisation sociale que la société essaie sereinement d'acquérir. La surmodernité réalise le dépassement humain et exalte la performance extravagante ; elle porte une nouveauté excessive avec des conséquences sociales dans l'ignorance par aveuglement. C'est ici un point essentiel et fondamental du travail du groupe où chacun doit se livrer à une réflexion intime sur comment réussir à construire un morceau de monde meilleur dans lequel chacun marche, dont il se sent responsable ; c'est à dire dans tout ce qui l'oppose à la vie réussie du surhomme que la société glorifie. Ce conflit ambigu associe le modèle de sexualité masculine qui tue et le modèle féminin qui protège.

Dans cette course à la modernité, la raison humaine est de plus en plus impuissante à démêler les extravagances de ses innovations excessives où les forces irrationnelles s'opposent ; la survie de l'humanité dépend de sa capacité à innover, à créer et à contrôler ces savoirs innovants qui sont renouvelés par le travail continu de philosophes, de scientifiques et d'ingénieurs. Si le meilleur est défini comme un optimum local sur une surface multidimensionnelle imaginaire, il y aura toujours une instabilité fâcheuse autour de ce meilleur recherché comme raisonné, avec la formation continue d'une ligne de fracture conflictuelle entre d'un côté, l'extravagance catastrophique de choix irréfléchis et de l'autre, la recherche du perfectionnement continu pour notre meilleur. Il est difficile d'écrire une règle qui tende vers le meilleur local ; elle demeure ambigüe entre la gloire du gagnant et la déception du perdant. C'est la conclusion, la sous-estimation du risque des surhommes aveuglés par les excès masculins de la technologie au gré de succès imparfaits au prix de risques, parfois de vies humaines, que la compétition n'aurait eu de sens que si elle avait permis d'accroître le progrès, source de richesse d'un futur meilleur, en rééquilibrant la dynamique de l'évolution des innovations. L'organisation de la définition de cette grammaire est une chose sournoise car elle peut former des grappes d'activités innovantes se concentrant sur une idée porteuse, mettant en déséquilibre l'organisation propre de la Cité, enclenchant un processus de dysfonctionnement qui peut devenir dangereux. Dans l'optimum à atteindre, quoiqu'il puisse se situer dans une zone d'instabilités de la Cité, il devrait toujours y avoir la volonté de contribuer au progrès social. Due à cette instabilité, la grammaire peut engendrer soit des projets extravagants, inutiles pour la Cité et dangereux pour le citadin, soit des projets aphones, inutiles pour le citadin et le progrès de la Cité. L'innovation peut créer une mode, mais non l'inverse. La mode est un événement éphémère qui disparait lorsqu'elle perd sa singularité.

L'innovation prend sa source dans les imaginaires, les connaissances et les savoirs en les projetant dans le futur. L'imaginaire n'est pas un face à face entre innovateurs et utilisateurs, mais le processus holistique enchevêtrant des imaginaires à plusieurs étages comprenant de multiples médiations et interventions d'acteurs ; c'est l'idée du chapitre suivant. Il y a une distance notable entre l'idée incubée par les talents et sa concrétisation. Cette représentation dans la Cité porte des promesses et des menaces, elle forme de grands récits sur la Cité et reconnait chaque acteur.

IV

Les trois percolateurs et l'alambic

"Le désir le plus naturel des hommes de bien, est la connaissance" Léonard de Vinci

– l'individu –

Les hommes distillent des données en informations, les informations en connaissance, et la connaissance en sagesse. Nous avons tendance à nous estimer libres. Nous sommes des individus qui croient au libre arbitre, en l'individualisme. Que sommes-nous devenus avec l'évolution de la civilisation de l'Europe occidentale ? Être individu, signifie être indivisible, être soi-même : cela signifie être différent de tout le monde, **Je suis qui Je suis**[10] dit Dieu en révélant son identité à Moïse, individu unique. Dans le rassemblement d'individus à l'intérieur de la Cité, ces mêmes autres sont chacun, différents, ils nous pousseraient à être différents d'eux, comme si tout le monde devait être un individu unique. Pourtant, nous avons une nature grégaire, nous sommes la *"foule"* de bisons avec les mêmes codes, la même ressemblance frappante, les mêmes comportements, les mêmes imaginaires, la même stratégie de vie ; la Cité rassemble au final des individus très semblables. Le vrai philosophe

---

[10] Bible, Exode 3 – 14. Autre traduction *"je suis qui je serai"*

essaie de penser librement, pour soi, assumant un risque. Comprendre la Cité, percevoir son âme, exige de commencer par son climat, ses paysages, ses agoras, ses habitants et leur déhanchement, avant de parcourir les livres. Cela exige de commencer par *"marcher"* dans la Cité sans arrière-pensées pour la comprendre et percevoir son âme. Est-ce une exigence pour devenir un talent de la Cité ? Le choix individuel n'existe pas vraiment, il n'y a plus de vrai *"moi"* car nous sommes influencés par le voisinage plus ou moins proche et de proche en proche, nous nous ressemblons. Nous ne sommes plus indivisibles mais divisibles. Chacun a le droit, de même que moi, de se faire l'arbitre de ses propres pensées. Cependant, il y a ici, une nécessité éthique et pédagogique d'enseigner pour éviter l'humus et l'espace suffisants d'une manipulation subtile de notre opinion, de l'organisation de la propagande par un gouvernement invisible qui dirait chacune de nos actions. Zygmunt Bauman, dans *"la vie liquide"* écrit : *"Paradoxalement, l'individualisme est une affaire d'esprit de la foule. Être individu signifie être comme tous les membres de la foule, de fait identique à tous les autres"*. Alors, qui suis-je vraiment dans cette foule autour de moi, dans cette Cité ? Moi qui croyais avoir un vrai *"moi"*, et unique comme un individu libre. Qui vraiment chez moi décide que je dois acheter telle voiture plutôt que l'autre ? Je suis bien un individu libre d'acheter la voiture qui me plait ! Quelle voiture vais-je acheter ? Si j'achète une grosse berline, on me dénigrera, "pollueur, frimeur, ferait mieux de faire ceci ou cela avec son argent …" si je tente de faire un acte authentique individuel, je dois affronter ces conséquences, donc je ne suis plus tout à fait un individu libre, ce n'est plus moi qui prends la décision, mais un conflit à l'intérieur de moi, influencé par le regard du voisinage ; sauf si j'ai un caractère trempé. Albert Camus écrivait « *Être différent n'est ni une bonne chose ni une mauvaise chose. Cela signifie que vous êtes suffisamment courageux pour être vous-même* ». Si on extrapole l'exemple de la voiture en remontant trois cent ans en arrière, les nègres étaient des esclaves, c'était un fait codifié accepté communément chez l'occidental blanc. Si je m'étais insurgé pour affirmer qu'ils étaient des hommes comme nous, j'aurais affronté l'ire de mes voisins ; à l'époque la religion dictait ma pensée, en fait, aurais-je vraiment imaginé cette affirmation au fond de moi ? Qu'en est-il de la condition des femmes depuis des millénaires ? Combien Simone de Beauvoir, pour son essai existentialiste *"le deuxième sexe"* publié en 1949 a pu affronter les critiques de l'Assemblée Nationale ? Dans son combat féministe, l'existentialisme implique l'entière responsabilité humaine autant celle de la cruauté et le sexisme des hommes que celle de la passivité, la soumission et le manque d'ambition des femmes. Combien une femme ministre portant une robe à fleurs dans l'hémicycle de l'Assemblée Nationale en 2012, peut-elle se faire conspuer par des sifflets de députés machistes ? Nous sommes entraînés par l'engrenage d'une drôle mécanique instinctive qui happerait et contrôlerait les foules et la Cité, et mobiliserait leur *"moi"* à volonté sans qu'elles ne s'en rendent compte. Que s'est-il produit depuis des siècles ? En quoi consistait cet individualisme dont ses racines originelles issues du christianisme et de l'Antiquité sont encore visibles, et étaient devenues la civilisation de l'Europe occidentale : *"Respecter l'individu en tant que tel, reconnaître que ses opinions et ses goûts n'appartiennent qu'à lui, dans son univers"*. C'était cela, la croyance que les individus pouvaient développer leurs dons et leurs choix individuels avec la tolérance des voisins.

L'individualisme de nos jours évoque autre chose, *"l'égoïsme"*. Curieusement les hommes-individus sont des êtres enfermés dans leurs conditions humaines, dans leurs mythes, dans leurs rites qui les rassemblent dans un peuple. Il existe toutefois une ouverture, une opportunité, car les hommes-individus sont capables de bousculer les conditions de leurs existences et d'agir sur la liberté collective avec une bonne capacité d'innovation, de progrès en modifiant les conditions initiales de leur destinée. Le gain de cette opportunité de changement tient à la propension aux hommes-individus à enrichir leur savoir mutuellement ou à réduire leur espace de l'action. Les individus-hommes sont capables de juger leurs actions dans leur monde : inventions techniques, savoirs scientifiques, organisations du travail comme une ouverture ou une fermeture du champ possible de leurs libertés au sein de cet espace. Les modifications apportées à leurs propres vies peuvent être jugées en fonction de la responsabilité qui leur incombe face à celles-ci, soit dans des actes individuels soit dans une structure politique. Les talents de la Cité sont ces individus capables de se mutualiser.

– le talent –

L'association idéale propose la rupture d'une mécanique de la politique traditionnelle pour l'organiser avec les **talents de la Cité**. La créativité nécessaire avec l'acceptation de la sortie d'une vie subie, se prépare dès le concept $1 + 1 = 3$. Mieux, $1 + 1 + 1 = 9$ créera des opportunités et un doute, dès que moi le "**1**" après avoir rencontré le premier "**1**", j'évolue lors de la rencontre du deuxième "**1**". Prenons un exemple, lorsqu'un paysan rencontre un instituteur, leur rencontre permet, au lieu de deux monologues, de trouver un point d'émergence commun, c'est-à-dire, le point par lequel une idée nouvelle sort de leur rencontre. Si ce paysan rencontre cette fois, le curé, au lieu d'à nouveau deux monologues, un nouveau point d'émergence commun est trouvé, le paysan a fait un effort, il n'est plus tout à fait la même personne qu'il était devant l'instituteur. Si l'instituteur rencontre le curé, un nouveau point d'émergence commun apparaît, il peut n'avoir guère de rapports avec les deux premiers. On est en présence de trois sous-ensembles assez indépendants $1 + 1 = 3$. Si le paysan, l'instituteur et le curé se réunissent tous les trois, ils savent déjà qui ils sont, et sortiront de l'idée de monologues, puisque, deux par deux, ils auront trouvé, à chaque fois, un point d'émergence commun, alors il apparaîtra la possibilité d'une émergence commune : $1 + 1 + 1 = 9$. Comment ? Pas par la persuasion, car celle-ci impose de force une propre opinion face à une multitude d'autres opinions dans une forme de domination. Pourquoi le curé enfermé dans sa doctrine imposerait sa vue aux deux autres ? Même chose pour l'instituteur et pour le paysan. Il y a un effort suffisant à fournir pour sortir de ses carcans. On aurait pu choisir d'autres professions typiques du cœur de la ville, l'épicier ou le cafetier, le boulanger, le boucher, … chacun par leurs activités, écoute leurs clients et commente. Ils acquièrent une information extraordinaire à laquelle ils adhérent dans leur propre logique. En élargissant l'approche métiers de la Ville, en considérant cette fois, l'ensemble des citadins, on se rend compte qu'apparaît dans l'approche de sujets à considérer, différents clivages philosophiques, entre par exemple, d'un côté, ceux qui pensent pouvoir pérenniser les styles de vie actuels grâce à certaines avancées de la technologie, et ceux qui de l'autre côté, sont persuadés que nos façons de vivre devront changer. Dans les deux cas, ils tiennent sûrs, leurs *a priori* et peut-être que des miracles se produiront dans chacun des points de vue. On pourrait imaginer une troisième approche différente des deux premières. Pourtant, dans ce sujet précis, les Citadins vivent dans la même Cité ; le curé, l'instituteur, le paysan, l'épicier, le cafetier, le boulanger, le boucher, … seront toujours dans leur même Cité et en même temps au-delà de ces visions classiques, la Cité affronte cette fois, vraiment des défis identifiés : le dérèglement climatique et la révolution numérique, deux enchainements nouveaux et accélérés sur la vie environnementale et sociale de la Cité. Le curé, l'instituteur, le paysan l'épicier, le cafetier, le boulanger, le boucher, … percevront les évolutions submerger leur quotidien. Ils pourraient ne rien faire, c'est une option, dans ce cas, ils se feront imposer les choix d'autres, par exemple, les économistes qui verront une opportunité d'imposer leur choix, au travers les élites, ou par des populistes. N'est-ce pas la réalité ?

Les métaphores du percolateur et de l'alambic décrivent l'ambiance dans laquelle se jouera le défi **des talents de la Cité**. Pourquoi choisir ces deux machines ? Dans l'univers de la technologie, celui des services, celui des relations sociales, plusieurs univers œuvrent mutuellement autour de l'esprit d'un succès recherché pour un produit, un projet, un service. Des assemblages de savoirs interagissent en extrayant chacun le "suc" nécessaire pour créer le nouvel objet, ce nouvel imaginaire commun partagé. Pour réussir, il faut développer la mécanique de rupture et permettre la philosophie correcte dont les logiques d'interactions collectives de **ces talents** seront la clé des innovations, c'est le sujet : tenter de prévoir méthodiquement l'avenir de **la Cité** pour sortir du bricolage actuel de l'immédiateté selon souvent, le bon-vouloir de gourous de l'économie. Sous-jacent, il y a cette idée d'une combinaison plus complexe de processus mettant en œuvre à la façon des percolateurs et d'un alambic pour décrire pas à pas les interactions et permettre le succès. C'est un processus lent qui prend sa source dans : $1 + 1 + \cdots + 1\ (n\,fois) = 1.5 \times (n - 1) \times n$. On l'a vu, il faut des années pour construire, peu de temps pour détruire. Ces interactions sont comparables à celles entre les neurones d'un cerveau humain.

– le savoir –

Je ne puis me poser seul au milieu de la Cité, en un point d'équilibre pour juger ce qui se passe, que si je cherche à décrypter en même temps, son espace alentour. Si je veux porter un jugement en un point précis, je dois connaître son voisinage en histoire et géographie. A cet instant, savoirs et pensées s'associent, c'est-à-dire sciences et philosophie, mais aussi expériences humaines et imaginaires, sans lesquels nous causerions dans une continue culture du potin. Savoirs et imaginaires infusent notre quotidien si nous faisons l'effort de les déchiffrer. Toutes nos certitudes, nos convictions, nos jugements sans savoir, pourraient limiter notre accès au savoir si on n'y prend pas garde, cela ne fera que renforcer notre ignorance. L'idée des trois percolateurs et de l'alambic nait ici pour représenter le fonctionnement parfait de l'association idéale.

Le percolateur est une machine pour, par décoction, extraire les principes actifs et les arômes d'une plante, une graine, c'est l'exemple de la cafetière. Un liquide, vecteur de ces principes actifs extraits (et buvable dans le cas du café), l'eau, traverse des grains de café torréfié selon différentes méthodes variant selon la saveur recherchée, ou le pays, en fonction du temps et de la température et moulus plus ou moins finement selon le type de percolateur utilisé. Pour des grains de café donnés en torréfaction et mouture, le meilleur percolateur est celui lorsque l'eau a la plus grande probabilité de mouiller et pénétrer toute la surface extérieure de tous les grains de café dans des conditions suffisantes, de température, de pression et de temps afin d'offrir l'extraction optimale de principes actifs ou d'arômes recherchés. Il existe le cas des liqueurs ou d'extraits de plantes, on utilise d'autres liquides.

L'alambic représente un système complexe de séparation des molécules par distillation après avoir porté un liquide à une certaine enthalpie, de température et de pression, afin de l'évaporer, l'essence et autres produits évaporés s'échappant du liquide, sont ensuite refroidis. Il est parfois nécessaire d'extraire, du liquide refroidi, l'essence dans un essencier. Cette essence est le produit final dans la métaphore de la Cité, l'ensemble d'émotions ressenties, attachées aux sens, la vue, l'ouïe, l'odorat, le goût, le toucher, ce qui permet l'émotion. La Cité est l'imaginaire acquis au travers des sens de la foule des citadins, dans une quatrième dimension, au fil du temps de la vie.

Le progrès de la Cité n'est pas un ensemble de cases à cocher d'une check-list ou un planning prévisionnel d'un projet complexe. La dichotomie de la Cité est nécessaire pour cerner chaque terme, chaque thématique, chaque argument d'un projet de la Cité hypercomplexe, car chaque terme interfère avec nombre d'autres dans leur résultat partiel et des effets de bord dans ces interactions naissent, parfois en liaison avec les villes ou les territoires voisins, et ainsi de suite pour ces Villes ou territoires touchés. Il faut donc approcher la meilleure solution pas à pas. Imaginons la mobilité urbaine, elle est ce projet hypercomplexe que les "spécialistes" n'ont toujours pas résolu. En extrapolant pour comprendre une telle discussion, elle pourrait se placer au niveau mondial, par exemple : Qui est vraiment propriétaire d'une forêt comme celle de l'Amazonie, ou bien les Pôles Nord et Sud, voire les océans et leurs faunes et flores ? Pour mieux cerner l'intuition des trois percolateurs et l'alambic, il faut se placer sur un tout autre registre que celui des projets classiques de la Cité, saucissonnés un par un, ou par groupe, qui sont supposés être progrès dans la Cité par leurs élites qui se les approprient, mais surtout l'intérêt des lobbies. La réflexion que je menais en 2017 sur le projet immobilier de l'agora d'un quartier m'a permis de relativiser les concepts ordinaires d'espace et de temps dans la Cité, de mieux comprendre la Cité, en les enrichissant d'une synthèse grâce au recours aux observateurs de la Cité. L'agora de Saint-Aygulf prit un sens nouveau dans mon esprit. J'allais plus loin, un débat s'orienta sur le pont de la Galiote construit à Saint-Aygulf en 1931 sur le grau des étangs pour désenclaver Saint-Raphaël devenue lieu de villégiature huppé, par l'Ouest. Chacun eut son idée, certains dits-spécialistes ont cherché à s'approprier la représentation des habitants pour gérer leur projet de pont, alors que celui-ci est parcouru par 9 millions de voitures par an, qu'il n'y a que 5 000 habitants dans le quartier. Je place les débats de la Cité au même niveau que celui du débat sur la forêt amazonienne, car celle-ci est notre poumon planétaire, qui en est propriétaire ? Elle a peu de chose en commun, elle a tout en commun. Le législateur dirait, c'est pourquoi je fais des lois. Mais ses lois restent locales, curieuses, discutables, ambigües, antagonistes à d'autres. C'est pourquoi je définis ce que je crois de la Cité.

> • *La Cité est l'organisation urbaine imposée au Citadin par la structure sociale et par la vie de celui-ci dans cette structure.*

L'imaginaire spatial du Citadin se perçoit à travers les caractères principaux de sa Cité : l'espace public et l'espace privé. La conception de ces espaces de la Cité est reliée par deux pôles, la topographie et les espaces d'échanges. De là se pose une série de demandes : *Qui gère la Cité ? Qui gère la France ? Qui gère le Monde ? Quelle est cette puissance qui gère nos quotidiens ?* dont le principe de réponse est donné dans cet essai. La réflexion va encore plus loin, une liste aux élections municipales obtenant la majorité légitime, s'accapare au moins la moitié des sièges, donc le pouvoir absolu des décisions, laissant les minorités sans voix. Lorsque l'on sait la gestuelle et les mots utilisés qui précèdent ces élections, nos votes sont influencés par les derniers instants, là où paradoxalement Google ou Facebook sauraient nous aider. Car nous changeons inconsciemment le cours de l'histoire en déposant un bulletin de vote contre nos propres idées, alors qu'*a priori*, nous aurions choisi l'autre option que notre conscience nous poussait originellement à faire. L'arrogance des derniers discours gère la Cité. Par civisme, nous acceptons ce prince-décideur, mais la vigilance critique dans l'espace public est nécessaire, elle est souvent le fait de minorités bruyantes, écrasant, par la force, les taiseux. Ce ne fut pas le cas du CEERF en 2017, cette vision valide mon débat.

La Formule Un, pour gagner un Grand Prix, met en œuvre une foultitude de projets et d'ajustements. Elle combine cinq ensembles *a priori* indépendant, châssis, aérodynamique, moteur, pilote (style de pilotage) et équipe de course (stratégie). Toucher un simple ajustement sur un seul élément, influence la performance globale de la voiture, et génère des effets de bords parfois impressionnants. La disposition en *"dream-team"* comme décrit, permit la communication directe dans l'équipe, son ADN propre, des effets de chaque modification, en bien ou en mal, pas seulement lisibles sur le chronomètre. L'espace-temps dans cette discipline est crucial. La Cité est souvent un saucissonnage de projets incohérents organisé par les décideurs politiques à ses commandes influencés par les lobbies. Si amélioration il y a, elle est très lente à être observée, le flou, l'obscurantisme, l'intimidation, la peur, prévalent. Les effets de bord ne sont visibles qu'à long terme. La Cité est gouvernée par l'argent qui détruit la raison et l'analyse. Il existe des enquêtes publiques légales avec des commissaires-enquêteurs désignés par le juge du tribunal ou le maire. Pendant quatre mois en 2017, j'ai développé mon temps à m'ingénier à répondre aux deux enquêtes publiques concernant cette place de la Poste de Saint-Aygulf où le PLU aurait dû être modifié, où la place publique aurait dû être déclassée et être privatisée au profit du promoteur. J'avais récolté cinq cent lettres manuscrites de voisins, toutes lues, pour me faire une idée des opinions et les remettre numérotées au registre d'enquête. Mon décompte, à l'annonce de la mise en place d'un référendum local, montrait que 91% de ceux qui avaient répondu, étaient opposés au projet immobilier. CQFD ? Et bien non, les deux commissaires émettaient chacun leur avis favorable, avec leurs signatures accolées à celle du maire-adjoint. Qu'en est-il de ces enquêtes, sinon une fumisterie ? Par chance l'association a permis l'élan du refus à 76% des voix. Cet ensemble pas exhaustif d'événements, a suscité ma réflexion. J'avais au départ une connaissance imparfaite de la logique dans la Cité. Les arguments des enquêtes publiques, au-delà de la tromperie énoncée par l'édile que la place, une fois le projet réalisé, aurait plus grande qu'auparavant, ont créé la liste d'effets de bord plausibles imaginés par nombre de personnes qui contribuaient au registre. J'aime lire les registres d'enquêtes publiques pour me rendre compte que les arguments des citoyens sont souvent très pertinents mais négligés par les décideurs, comme s'ils étaient devenus des *"êtres supérieurs"* au peuple, par un simple résultat d'élection. Clairement ici, si pour une raison radicale, on privatise un lieu social comme ce fut l'idée, il faut prendre soin de valider et d'expliquer à 360° ce qui est en jeu dans ce désir de certains. Le gain de cette attitude permet le progrès social, sauve l'écologie des relations entre l'être humain comme être social et son milieu socio-économique.

Ainsi apparait l'utilité des trois percolateurs et de l'alambic, ou simplement l'utilité de l'association idéale. Toute entreprise industrielle sait gérer un projet, de l'idée initiale à la vente du produit final. Pour cette gestion, il existe une échelle à neuf niveaux de maturité technologique sur l'échelle graduée avec des critères identifiés comme étapes pour codifier l'évolution des projets ; quelquefois un produit nouveau suppose une réorganisation en ressources humaines. La Formule Un que j'ai connue, n'utilisait pas cette méthode (tant mieux, cela permettait d'être agile dans les décisions). L'administration de la Cité est certainement en retard sur ces aspects projectuels, mais je ne saurai y répondre par inexpérience. C'est curieux d'observer des projets complexes, voire prototypes prendre des retards et des surcoûts extraordinaires. L'EPR de Flamanville est-il le dernier comble du ridicule ? L'idée ici, est que les choses changent, que les idées naissent dans l'association idéale, qui est précisément, un incubateur d'idées. La règle devient : **"le citadin pense, l'édile exécute"**. Le citadin ne gère pas de projets de la Cité, c'est l'affaire des spécialistes. Par contre, le Citadin invente, ce que ne savent pas faire les spécialistes. Le citadin a une prédisposition pour cela, certes il maîtrise $1 + 1 + 1 = 9$, il vit dans la Cité, il en connait les rouages, les mouvements, les traditions, et tout ce qui construit son imaginaire de Citadin. L'idée du percolateur est le **"savoir"**. L'association idéale de citadins permet une autorité nouvelle dans la Cité, l'association grandit en réorganisant la démocratie de la Cité autour des échanges du savoir. Ainsi fondée, l'association devient la fraternité, la solidarité qui reconnait chacun. Les échanges de savoir sont la métaphore du percolateur.

1) Le premier niveau fait émerger le souhait intrinsèque, celui de la préoccupation du Citadin, qu'il lui faut lentement infiltrer dans l'espace-temps dont il dispose, mais il n'est pas seul à penser cela. Dans un exemple, imaginons "la mobilité urbaine", qui mieux que le citadin la vit, la subit au quotidien ? N'est-ce pas là l'opportunité de lui offrir cette recherche d'idées nouvelles, mais pas tout seul, avec les autres, dans $1 + 1 + 1 = 9$. On pourrait imaginer ce percolateur où les personnes, comme des grains juxtaposés, s'entraînent à l'entente.

2) Le second niveau concerne l'état de l'art dans la recherche, la philosophie et les sciences, choses utiles pour imprégner le Citadin dans sa recherche de meilleures idées. C'est le contraire de l'ignorance.

3) Le troisième regarde l'émergence d'idées **des talents de la Cité** dans l'association idéale ainsi formée, une manufacture de rêves regroupant des ateliers de réflexion. La passion dans cette ambiance est ce qui guida à l'origine, le cursus de ma vie, elle est l'évolution dans l'émergence de l'idée dans un projet quel qu'il soit, dans la croissance des savoirs qu'il faut acquérir, à l'amélioration décisive vers le meilleur résultat.

La victoire tient à toute cette percolation des savoirs, des échanges paradoxaux, quand enfin $1 + 1 + \cdots + 1\ (n\ fois) = 1.5 \times (n-1) \times n$. C'est un choc culturel pour la permettre. L'interdisciplinarité de personnes différentes, de rencontres de "1" permet la dynamique et conduit au progrès. Aucune équipe innovante ne s'est développée par génération spontanée, toutes croissent sur le terreau laissé par les connaissances passées. Mais une fois établie, l'équipe des **talents de la Cité** ne pourra pas progresser longuement si elle ne puise que dans ses ressources, ses savoirs ; elle a besoin de sortir de son corpus, s'ouvrir, accueillir les autres, marcher ailleurs, afin de perpétuer le progrès.

4) Vient la notion ultime de l'alambic. La contribution de la philosophie et des sciences est essentielle pour le progrès. La démarche promeut l'excellence et alimente le tissu social dans l'espoir d'un futur sur les idées et entraîne la Cité à aller plus vite que la recherche scientifique et les progrès techniques pour ne plus les subir ; les retombées permettront l'attractivité. C'est la notion de l'alambic, et l'émotion attendue de la concrétisation d'une idée, mais aussi de la réalisation d'une nouvelle démocratie dans la Cité de meilleurs échanges entre la société civile et les décideurs politiques.

D'une façon étendue, on peut s'interroger sur la nécessité du flux de connaissances, sur l'opportunité de progrès dans la Cité de la part des Citadins, par le lien entre croissance du savoir-faire et résultat scientifique à l'origine d'une meilleure maîtrise des progrès. Les projets peuvent se prolonger selon les difficultés techniques ou économiques. Des idées peuvent mûrir lentement avant d'émerger à un moment inattendu. Le concept expérimental, source de progrès des connaissances, est un moyen d'approcher la solution. Cette méthode suppose une accumulation possible d'observations et de faits mesurables. J'ai pratiqué assidûment dans ma vie professionnelle la méthode d'observations, poussé par le désir de comprendre. J'ai eu l'opportunité de partager quotidiennement mes observations. Il faut écouter attentivement, comprendre l'observation de l'autre. J'approchais sans le savoir, l'idée qui conduit à *"l'association idéale"*, mais je n'étais que dans une *"dream-team"*. L'organisation humaine autour de l'invention ou le progrès, est délicate et cruciale car elle doit adhérer à une grammaire nécessaire, l'ensemble de règles utiles et de mécanismes de cohésion. Il n'y a pas de procédure d'échange de données, le mouvement sympathique favorise les échanges. Ce climat permet d'orienter sur des axes convergeant, les énergies nécessaires au progrès. Il permet la conviction en la capacité de chacun de se gouverner intelligemment dans la direction correcte vers le succès. Dans la vie de la Cité, les différences de rang, de richesses, donnent à chacun un rôle prédestiné pour asseoir l'autorité ; sa conscience peut être sans cesse changeante à la fois objective et subjective ; on place aujourd'hui l'avenir entre les mains du sort de l'actualité immédiate et changeante. Dans ce percolateur qui mène au progrès, un lessivage de la machine intelligente de la Cité est possible ; il enrayerait le mécanisme d'échanges entre les Citadins. Fragilisée, l'association idéale meurt comme un cerveau qui reçoit un choc, un projectile. La démonstration montre qu'il existe toujours un meilleur pour le Citadin, un optimum sur une surface irréelle du progrès social qui dépend d'une capacité à innover, à créer, à contrôler les savoirs utiles sans cesse en évolution par un travail continu de tous. Il y a un risque d'une tendance religieuse ou militante à forcer la percolation, à tordre l'échelle du temps, à raboter les budgets, à prendre le contrôle, à bâcler les projets.

– la double hélice –

La double hélice est la métaphore choisie pour imager l'enroulement nouveau entre le Citadin et le décideur élu de la Cité. Ce dessin me convient. Entre chaque hélice, il y a des passerelles. L'ADN contient l'information du corps vivant, de la Société, de la Cité, des Citadins. La double hélice est une opportunité holistique pour la Cité. Elle suppose une rupture culturelle pour œuvrer ensemble. Elle présente la forme d'un nouveau contrat social d'une démocratie évoluée. L'élite devient le **"conducteur par délégation"** de l'opportunité et favorise les passerelles avec l'association idéale de Citadins, une aubaine pour l'élu, un gain pour la Cité. L'intérêt de l'essai ne réside pas dans l'intolérance politique, mais dans la volonté de survie vers un nouvel avenir, vers une civilisation qui permet la qualité des relations humaines en réaimantant les pôles essentiels de la vie dans la Cité. L'activité en Formule Un enseigne la lenteur nécessaire à la réflexion, pour atteindre le meilleur résultat. C'est le temps du paysan qui sème, travaille, cultive pour favoriser sa récolte, fruit du travail précis et méticuleux de son Art. Chez Ferrari, nous appartenions à diverses nationalités, différentes cultures, personnes de haut niveau de compétence, de dévotion, de forte individualité. Le champ d'actions était mutualisé. Le succès dans la *"dream-team"* est lié à la confiance réciproque, infaillible, à l'échange instantané de la connaissance et du savoir, dans la gestion multidisciplinaire maîtrisée de projets, d'inventions, d'innovations. Il suppose le respect et la maîtrise de la culture et du patrimoine de l'entreprise, il la fait évoluer par un cheminement intellectuel qui porte à la perfection, à la nouveauté, à la stabilité de l'équipe. Il n'y a pas de place à l'initiative individuelle ni à la volonté de pouvoir. Il y a un respect solennel du porteur de l'idée nouvelle, il est un moment, leader et centre de l'action. L'emploi de concepts classiques de la société est une conséquence de la manière générale de penser l'humanité dans nos pays démocratiques. Certains penseurs ont tenté de réaliser des œuvres de ruptures de la pensée politique ; à l'intérieur de ces groupes de pensée, s'y défient toujours aujourd'hui, des individus ou des groupes en lutte pour la prise du pouvoir. Le citoyen est négligé ou jaugé. Parfois il appartient aux conflits ou aux manifestations. Nos démocraties sont gérées par un pouvoir théâtral qui offre une mise en scène bruyante dont les média raffolent et que la foule aime. Je viens d'un monde avare en mots, je crois en leur poids, à la retenue, à l'éthique, à l'austérité, quand la parole dite trouve sa force dans la rareté, dans la promesse tenue, loin du vacarme et du mensonge. Contrairement à ce qu'il veut montrer, le pouvoir théâtral n'est plus aux affaires. Il tourbillonne dans sa spirale expansive en donnant le pouvoir à des mots rabâchés, usés d'un discours qui perd sa vérité. À force d'en faire trop et d'en dire trop, il décrédibilise ses mots. Les technocrates et les décideurs prennent la main et rationalisent. Les planificateurs orientent. Les ordinateurs calculent les données en banque. L'humain et les perceptions de ses observations disparaissent à l'intérieur d'algorithmes ou de sondages, ils deviennent pourcentage, probabilités, estimations. Le politique attiré par le pouvoir, explique avec les mêmes mots dupliqués, les limites du raisonnable sans conviction, capable de changer sans cesse d'avis selon les résultats des sondages ou les commentaires des réseaux sociaux. Les modèles du compétent, de l'expert, du spécialiste, du premier de cordée, prévalent devant les citoyens. Au seuil d'un monde nouveau, le pouvoir devrait plutôt composer avec l'incertitude, affronter des situations dont la connaissance et le contrôle lui échappent. L'association idéale propose une rupture culturelle originale des habitudes, une discontinuité de la connaissance, une écriture nouvelle de sa gestion à un moment de l'analyse nécessaire de la perception que le Citadin en fait. Elle retrace l'histoire de la Cité, permet de parvenir à un niveau supérieur, hors des croyances, idéologies, ou illusions. Son succès conduit à une description objective de la Cité lorsque le Citadin entre en jeu. Une démarche précise établit les faits avec le maximum d'exactitude possible. Cette approche savante résiste à la tentation du merveilleux, à l'éloge et à la logique de l'honneur d'une société hiérarchisée, elle résiste à la tentation de gains. L'association idéale forme le lieu apaisé de réflexions, de projets de demain et sauvegarde ce qui est sauvable de l'humanité. Le principe définit la philosophie :

> - *Toute activité de pensée ne doit pas être le calcul de moyens à mettre en œuvre pour obtenir une fin désirée ou voulue, mais la rupture nécessaire avec cette tradition et être au départ, une question du sens de son acceptation de tous par rapport à l'action décidant de la réalité.*

– création d'une association –

1) Créer une association regroupant résidents et voisins de la Cité sans aucun critère ni aucune exclusion. Rassembler suffisamment large pour valider statistiquement les projets.

2) Définir un programme pour donner l'orientation, le cap à suivre, à cette dynamique nouvelle. Cela suppose quatre étapes. Se comprendre, s'accepter, entrevoir ce que nous réserve le monde nouveau, s'écouter, faire intervenir scientifiques et philosophes car notre civilisation évolue.

3) Elaborer un large accompagnement horizontal, jeunes et moins jeunes.

Les quatre phases nécessaires

1) l'immersion dans la Cité pour se connaître et s'estimer jusqu'à $1 + 1 = 3$

2) l'émission d'idées, avec la création d'ateliers de rencontres paradoxales dès que $1 + 1 + 1 = 9$.

3) la production de concepts dans une validité statistique.

4) la communication avec le décideur.

Le déroulement des cinq étapes.

Etape 1 : L'historique de la Cité du point de vue de l'historien et du citadin, les souvenirs de chacun, des anciens, des jeunes, les émotions positives et négatives. Cet aspect est essentiel pour transcrire une mémoire historique à la Cité, celle de ses habitants et ses métiers, tracer son histoire, c'est un travail méticuleux et précis de rassemblement de données d'archives, de discussions de chacun avec les autres, d'écoutes de souvenirs communs, d'anecdotes singulières, qui donnent lieu à une première œuvre impartiale et émouvante, un livre d'histoire à partager avec tous pour que chacun s'imprègne de ses racines singulières, se rassemble, s'apprenne et atteigne ce possible $1 + 1 = 3$.

<u>Etape 2 :</u> L'évolution de la Cité retrace le parcours historique : comment est-elle arrivée ainsi aujourd'hui. C'est un travail de relecture d'archives officielles. L'observation de ces documents distincts impose la description répétée de l'espace et le temps pour améliorer notre perception *a priori*. Il y aura différentes descriptions pour une même réalité et une même personne, elle complète l'album d'images d'un même événement, ce n'est pas une contradiction. Il faut pousser plus loin cette évolution en plaçant les hommes et les métiers qui l'ont construite. Cet effort d'articulation autour de ce thème est une manière d'unir des personnes différentes autour des transformations opérées.

<u>Etape 3 :</u> La perception individuelle de la Cité peint une toile. *La Cité projette son image dans ma conscience et c'est ce que je perçois. Si vous vous mettez à mes côtés et que vous regardez la Cité, celle-ci projette également une image dans votre esprit. Je vois ma Cité, vous voyez la vôtre, est-ce que la Cité est la même, nous l'ignorons. Et pourtant, nos expériences totales de cette Cité et sa mémoire forment une unité comme rassemblées sur une toile imaginaire.* C'est une étape primordiale pour introduire des éléments subjectifs dans le futur projet. Ce qui se passe ici dépend de notre manière de l'observer ou du fait même que nous l'observons.

Il faut essayer de décrire ce qui se passe dans notre perception entre deux observations consécutives. Le résultat de la perception peut être étrange et influencé ; l'observation curieuse joue un rôle décisif, la réalité varie selon comment nous l'observons. Il ne faut pas prendre l'endroit observé comme un tout, y compris nous-même, mais nous devons diriger à chaque fois notre attention sur chaque partie de cet univers géographique, en l'élargissant petit à petit aux alentours. Le temps a son importance car il perturbe notre perception en fonction des saisons et des heures du jour. Les arbres vivent les saisons et changent d'apparence, voire le stationnement automobile change selon d'autres périodes. Il faut imaginer l'évolution du climat avec son dérèglement en cours, quel en sera l'impact sur l'endroit observé ?

Pratiquement, il est utile d'élaborer un dessin d'architecte de la Cité en trois dimensions sur une grande feuille de papier, des bulles vierges fléchant différents endroits géographiques pour favoriser l'écriture individuelle de commentaires de chaque lieu comme on commenterait la toile d'un maître, en regroupant la définition d'enjeux paysagers, d'espace vert, de parcours, de stationnement, de mobilité, …, une définition de sensibilités diurnes et nocturnes, des usages de la Cité. Toutes les catégories d'âge doivent participer. Chaque dessin regroupe les commentaires de chacun ; les perceptions individuelles commentées donnent lieu à la rédaction d'une synthèse très complexe mais utile à porter à la connaissance de chacun avant d'aborder l'étape suivante. Ce travail est très complexe, des algorithmes de l'Intelligence

Artificielle peuvent aider à obtenir la synthèse correcte, intelligemment et impartialement, pour décrire la Cité le plus fidèlement à la perception commune et peindre la nouvelle toile de la Cité statistiquement acceptée de tous.

Etape 4 : Désirs d'avenir de chacun de l'évolution de la Cité. Le chemin intellectuel réalisé auparavant, histoire, évolution et perception commune, aide les talents de la Cité à se projeter vers la Cité de 2050. Il ne s'agit plus du toilettage traditionnel de la Cité. On recherche une véritable rupture dans la pensée du Citadin, un vrai progrès nécessaire de la démocratie et éviter que le monde et la mondialisation, dans tout ce qui apparaît, dérèglement climatique, révolution numérique, démographie galopante, ne transforment la Cité elle-même sans que le Citadin n'intervienne délibérément dans la mobilité urbaine, la révolution numérique, les commerces, l'agriculture, l'alimentation, la démographie, le tourisme, … chaque composante peut devenir *"supercritique[11]"* pour la Cité sans que nous nous en apercevions, au seuil d'un monde nouveau. Dans ces transformations inéluctables, vit le Citadin qui a ses désirs et qui les interprète pour des transformations de sa Cité en se réappropriant la vie sociale, et refusant la colonisation de la Cité par l'économisme. Ce passage est complexe au moment où des idéologies peuvent submerger et s'imposer. Il faut rendre cela irréalisable par un contrat de principes et d'axes de travail pour protéger l'association contre ceux qui se l'approprieront pour leurs intérêts.

---

[11] Utilisé en physique pour définir ce qui a dépassé le point critique

Dans l'équation $1 + 1 + \cdots + 1\,(n\,fois) = 1.5 \times (n - 1) \times n$, le terme n a une limite. Lorsque les membres se réunissent, ils se scindent par petits groupes de n personnes. Cela favorise l'émergence d'idées et permet une synthèse. L'esprit de groupe est utile, et c'est le paradoxe, les membres sont au départ en désaccord pour permettre le progrès.

<u>Etape 5</u> : Synthèse générale de ces quatre premières étapes. Cette synthèse, incubateur d'idées à concrétiser, devient un cahier des charges destiné aux experts en sciences sociales, sciences politiques, urbanisme, tourisme, animations, … avec l'aval des élus, pour être transformé en concept. Ce qui pourrait être un concours à organiser parmi des Ecoles ou Universités, ingénieurs, commerce, architecte, sciences sociales, philosophie, tourisme, …

VI

Telle religion, tel prince

Le développement accéléré des technologies, du cyberspace, du monde virtuel, de l'économisme, de la démographie, du turbo-consommateur, et de fait, l'accélération du dérèglement climatique, provoque la déconstruction de la civilisation, des concepts traditionnels et dominants de l'État, de la Cité, du Citadin, du politique dans leur lien à l'actualité d'un lieu, d'un territoire défini.

– le principe –

Le principe de la narration de l'essai arrêtait le titre de ce chapitre "telle religion, tel prince" en mots inversés[12], placés comme liminaire d'écriture, avec l'idée, qu'inévitablement, on ne trouverait la paix dans la Cité qu'en évinçant les hostilités entre lobbies et citoyens, dès que la religion du prince régnant sur la Cité serait celle des talents de la Cité de demain. Cela remet en cause l'autorité du prince régnant, le Maire ici, qui impose ses projets à ceux qui ne les voulaient pas. Ne soyons pas naïfs, il existe toutefois un dilemme lorsqu'un politicien habile use de sa propagande pour modeler et

---

[12] Historiquement, *"tel prince, telle religion"* fut choisie comme compromis de paix d'Augsbourg pour suspendre les hostilités entre les états luthériens et catholiques dans le Saint-Empire en 1555. Loin de la démocratie, il impose au peuple de prendre la religion du prince.

façonner la volonté du peuple avec ses bons mots rabâchés de vieilles formules ou ceux cyniques ainsi : *« Je dois suivre le peuple. Ne suis-je pas son chef ? »* comme l'écrivait Benjamin Disraeli. Cependant, le principe de la narration de cet essai, a deux origines :

1) Le discours d'Emmanuel Macron, le 6 avril 2016, de lancement du mouvement En Marche ! offre l'interrogation d'une rupture fatidique de la léthargie politique depuis des décennies. L'écriture de mes propos n'est ni naïve ni militante, elle naît de l'émotion soulevée par ses arguments. Ce n'est pas une allégeance à un homme ou un parti, mais à la philosophie sublimée qui pousse le marcheur à *"marcher"*, attiré par ce parfum obsessionnel qui sort de l'alambic. Son pari a fonctionné. On réalise les talents de la Cité, par l'oubli de clivages clanistes, par l'adhésion à l'idée que tout progrès ne se réalise qu'avec des personnes motivées, généreuses et différentes dans des rencontres paradoxales des citoyens. Toutefois, l'idée des percolateurs doit être mise en route pour la large diffusion des savoirs et réduire l'ignorance des citadins. La partie de philosophes et hommes de sciences restitue l'état de l'art et permet les questionnements nouveaux. Les progrès dans la construction de la Cité ne deviennent possibles qu'au travers de réflexions, d'ateliers, de réunions, des désaccords, des discussions jusqu'à la naissance d'éruptions d'idées placées ensuite dans un incubateur qui rassemble tous les citadins motivés, sans distinction. Le désaccord est l'essence de la créativité, du progrès. C'est mon expérience dans la *"dream-team"* Ferrari. C'est fragile effectivement, lorsque dans le monde où tout paraît simple,

uniforme, lorsque la réalité ordonne la vie méthodiquement de chacun de nous, avec ses règles claires et simples d'une organisation pyramidale figée ; par exemple, pour une administration, un régiment militaire, une brigade d'ouvriers, il devient très difficile de faire avancer, dans la réflexion ainsi hiérarchisée des hommes, le sens du vrai progrès, qui lui disparaît, absorbé car il n'existe plus d'espace entre les hommes pour cela, mais des ordres de commandement. Le fait d'entrevoir que le résultat de la créativité n'est ni blanc ni noir qu'il est gris, surprend, déstabilise, angoisse, car il engendre la nouvelle organisation du monde dans un changement de mode de vie, un nouveau contrat social, pour réussir ; ce qui suppose une démarche intellectuelle nouvelle. La hiérarchie d'une organisation pyramidale manque de respiration. Une relation humaine se construit même si le dialogue oppose deux hommes, c'est le principe. Si l'un pense blanc, l'autre pense noir, qui a raison ? Qui a tort ? Quelle en est la réalité ? Si, au contraire, chacun se concentre sur la raison de l'autre qui le pousse à dire le contraire de lui, pourquoi il le dit et que chacun fasse l'effort, on tend vers un autre vécu, une autre réalité ; il faut accepter cela, c'est une vraie chance. Plutôt que de s'enfermer, obstiné, dans sa logique, on crée l'opportunité d'une nouvelle pensée, qui n'est plus ni blanche ni noire, mais grise, elle n'appartient plus ni à l'un ni à l'autre, mais aux deux qui s'enrichissent mutuellement. Cela permit le CERF primordial comme un incubateur d'idées.

2) le projet immobilier sur la Place de la Poste d'un quartier de Fréjus, a démontré le pouvoir omnipotent d'un Maire faisant fi d'enjeux sociaux et environnementaux. Ici, il faut séparer l'action

concrète qui mena le succès du référendum à la méthode discrète de l'association, d'avec la réflexion méticuleuse sous-tendue que je menais en arrière-plan, pour valider le projet pensé. Cet essai écrit la grammaire et le doute *"qui gère la Cité ?"*. Le projet immobilier aurait été la pire chose contre le progrès, créé dans l'immédiateté irréfléchie pour renflouer les caisses de la Ville, de conséquences sociales et environnementales pour le quartier. La réflexion se situe là : *"La Cité n'a pas de propriétaires mais l'intérêt collectif des Citadins, il dépasse les intérêts particuliers."* J'écrivis *"la Fréjusite"*, un pamphlet transmis au journal local en rappel à la Sarcellite, cette montagne de béton sans vie sociale pour ces femmes des années 50, qui y vivaient, emmurées, attendant leurs maris, ouvriers.

– l'aubaine –

Redonner aux gouvernants le goût de gouverner, résoudre le mal de la démocratie qui transforme les élus de la Cité en serviteurs dociles du corps électoral, une des causes de la dégradation et de la stérilité du personnage politique, voilà ce que gagnera la Cité grâce à l'association idéale et sa grammaire. Le pouvoir de l'édile, à peine légitimé, est rebuté, contesté, rejeté, parfois par ceux qui l'ont élu. Cela le conduit à rechercher appui auprès de puissants qui se transforment en gérants de la Cité qu'ils s'approprient. Plus la légitimité de l'élu est faible, due à ses petites causeries ou un usage de la violence pour se faire élire, plus il aura besoin d'offrir à ces puissants, les ressources de la Cité qui ne lui appartiennent pas, grâce à sa nouvelle position. La doctrine politique perd sa vigueur, sa validité, quel que soit le parti au pouvoir. Cette situation crée un vide, un divorce dans lequel fait irruption un sentiment de mal-être du citoyen oublié, mais complice car passif. Dans la dégradation, le sens de la notoriété devient une drogue, le néo-pouvoir ne se projette plus dans l'avenir commun, mais reste dans l'immédiateté de gains en ne s'occupant que d'élections démocratiques dans son pouvoir symbolique. Les voix du peuple ne sont plus que l'expression de l'esprit populaire de la foule indécise, forgée par des leaders d'opinion, par l'héritage de symboles, de préjugés et de traditions. L'individu est évaporé. Ce pouvoir se fourvoie dans l'incapacité d'apporter des solutions durables aux problèmes de sa Cité ; il s'accapare le désir d'être lui-même en vue, occupant la vedette. La notion primordiale est alors :

> • *Briser la longue léthargie dominée par une invasion verticale impuissante du pouvoir et dans le pouvoir lui-même, sans vraiment trop savoir laquelle, sur le peuple, "pour reprendre en main la Cité que nous désirons".*

Je suppose la nécessité d'une rupture fatidique de la notion du prince qui gouverne la Cité depuis de multiples décennies, car dans l'imaginaire du citoyen, il est le référent devant lequel la plèbe, fébrile, s'incline. Ces princes s'accrochent sans fin à leur pouvoir politique comme à un métier en s'appuyant sur deux registres qu'ils maîtrisent bien :
1) celui de l'acteur politique, étoile dominante, parfait comédien qui a le talent d'être choisi par les siens et de se faire élire.
2) celui du gestionnaire politique qui agit, maîtrise ses dossiers, influe et convainc. Les calculs et mariages électoraux le prouvent.

L'écriture de cet essai deuxième est un exercice d'inspiration, les conclusions n'arrivent qu'après réflexions avec l'intuition d'une rupture avec la tradition, pour imaginer le progrès dans l'avenir. Il n'est pas parfait. Un essai premier *"notes d'introduction à l'association idéale"* restituait des progrès concrets, pensait les cohérences, acquérait la narration avec la pratique de l'association jusqu'au triomphe. Il rendait robuste la vision primordiale. Je perçus clairement, mes informateurs souvent élites de la Cité ou nobles proches de ceux-ci, durant ma présidence, les arguments à décortiquer : à cause de ma vulnérabilité d'un côté, et la gestion d'envieux de l'autre, ils m'ont aidé à ordonner et mûrir une démonstration. La proximité de voisins, adhérents ou pas, qui trouvaient un réconfort et un soulagement grâce à ce type *"sorti de nulle part"*, invisible *"qui est ce type qu'on ne voit jamais ?"* qui ose affronter l'édile de la Cité de doctrine d'extrême-droite, m'a permis, dès que la confiance et l'empathie gagnèrent du terrain, l'écoute et la découverte de voisins méconnus de ma Cité, leurs préoccupations, leur impuissance et leurs peurs fatalistes devant la raideur du pouvoir arrogant et despotique. Je devins un relais central, entouré de *"petites mains"* spontanées telles des fourmis avec leurs méthodes d'écoute et de communication qui permirent la résilience et le sauvetage du quartier. La méthode de gestion de l'association fut victorieuse, elle échappe aux méthodes élimées de comités de défense politisés, hiérarchisés en millefeuilles avec un chef, cherchant gloire et honneur, obéissant souvent à une doctrine politique sans le montrer. Personnellement, sans culture littéraire ni politique, critiqué par l'*homo hierarchicus*, le triomphe de l'association fut possible et exemplaire. C'est une richesse intellectuelle que de fuir leurs étranges arguments comme si, pour l'*homo hierarchicus*, le citoyen était peu intelligent et soumis, et de reposer les deux pieds, sur une terre ferme. L'essai aborde l'idée de créer une démocratie nouvelle pourque le citadin puisse enfin penser sa Cité et participer au progrès. Cela offre une opportunité inédite pour l'élu, l'aubaine de l'intelligence collective et l'association idéale guidée par une grammaire, où émerge inattendue, la bonne idée statistiquement acceptée par tous. Le décideur politique élu deviendrait "le conducteur par délégation", dans cette relation : *"telle religion, telle prince"*.

– l'édile –

Il faut des connaissances dans la gestion courante de la Ville, avec la préoccupation fondamentale du quotidien de ses concitoyens, avec l'adhésion visible à une doctrine pour que le citoyen s'y retrouve ; le parti politique, machine rôdée, facilite les candidatures et l'organisation des meetings électoraux, où ce comédien qui a eu le talent d'être choisi par les siens, élu, ou futur élu, devient tribun, répétant les mêmes mots de leurs diseurs, usés, rabâchés, que la foule comprend aisément et aime entendre, ainsi il est élu. Ces mots suppriment toutes les couleurs et les zones de gris pour les évidences de noir et de blanc, c'est un sport qui permet de dissiper l'ambiguïté, la foule est complice, elle est passive et soumise, c'est le plus sûr moyen de détruire nos libertés. Cela exclut du débat, intellectuels, philosophes, penseurs, et d'autres personnes de convictions forgées par des années de labeur, qui participent à la richesse de l'existence. L'axe de l'écriture de l'essai se situe dans l'observation curieuse de l'équilibre de la balance aperçue, point focal où se concentre l'énergie de la Cité ; j'ose l'hypothèse extrême, l'observation de la tendance projetée à l'infini, que ce personnage n'apporte rien de nouveau, sauf sa gestion administrative quotidienne ; qu'il est trop souvent aux ordres de lobbies de la Cité ; personnage peu à l'écoute de ses administrés, ou miné par le clientélisme ou par une surestimation de la part de la population globale qui partagerait ses vues. Ce jeu politique est un art, pas une science. Cette vision est excessive, elle permet la démonstration confirmée par des écrits d'anthropologues et de sociologues. C'est l'inquiétude, car nous sommes au seuil du monde nouveau. Qui, avec l'hypothèse impossible du *"développement durable"*, définira *les besoins des générations futures* ? La vision exagérée permet le progrès de la démocratie dans la Cité, elle ose les questions dont les réponses seraient entendues :

- *Qui gère la Cité ?*
- *Qui gère la France ?*
- *Qui gère le Monde ?*
- *Quelle est cette puissance qui gère nos quotidiens ?*
- *Qui est ce prince planétaire qui impose sa religion ?*
- *Quel est le sens de la vie ?*

Pour essayer une autre réponse, j'entre un instant dans la peau de l'édile de la Cité. J'imagine sa méditation esseulée dans son bureau, tournant en rond, tel le joueur d'échecs cherchant la meilleure tactique ou stratégie devant le système complexe d'équations différentielles peu nombreuses avec trop d'inconnues, données d'entrée (informations) et données de sortie (décisions), qui occupe le quotidien de cette petite personne, bien loin de ses discours tonitruants de son élection. Elle doit flairer la bonne hypothèse des inconnues manquantes. Elle sera réélue par les électeurs qu'elle doit flatter, grâce aussi aux lobbies qui s'approprient le chapitre et entraveront ou non, par différentes méthodes moins démocratiques, son avenir politique, la présence aussi d'adjoints envieux de son pouvoir. Telle est la vie de l'édile de la Cité, il devient la bascule à plateaux où l'aiguille, dans une logique floue, cherche l'équilibre entre la masse des électeurs et la puissance financière des lobbies ; il s'agit de les équilibrer dans un compromis complexe. C'est ce regard que je porte depuis l'exemple du projet immobilier en 2017 sur la place de la Poste, agora d'un quartier de Fréjus, comme la photographie en miniature d'un plus vaste empire, mais suffisante pour décortiquer la caricature de l'élu. Le succès est venu petit à petit durant les quelques mois précédents lorsque les citoyens se sont unis, sans distinction, dans une ambiance solidaire et anonyme ; cela prouve l'équilibre précaire entre le gain financier de la vente de la place et la grogne silencieuse d'une population désemparée et impuissante. Discrètement, j'ai vécu en premier chef ces aspects et leur évolution. J'ai perçu une logique d'arguments, bien informé, jusqu'à la décision de l'organisation du référendum local ce 15 juin 2017 tel le coup de poker, mais le symbole de la détérioration de la démocratie dans la Cité lorsque le pouvoir devient despotique. Personnellement coincé, les envieux s'approprièrent l'action pour leur croisade, ma démission me permit de reprendre la réflexion. L'homme qui *"marche"*, est bien celui qui a un but : la majorité taiseuse avec l'intelligence collective, prend la main sur le débat pour éviter la disparition de la démocratie, la disparition du pouvoir du politicien, du libre arbitre des individus, au profit de ces vedettes qui, sur scène, récitent une propagande sournoise et dangereuse pour notre liberté. La société composée d'individus, profite de l'interaction entre ses individus dans une intelligence pour prendre les meilleures décisions et sortir de l'autorité d'un prince-vedette et de sa cour cupide de marchands. Ainsi nait l'idée plausible de contrat social avec l'association idéale au seuil du monde nouveau.

> • *Qu'en serait-il de l'avenir du monde si nous laissions faire les princes-vedettes ?*

Certaines institutions parlent de *développement durable*, phraséologie naïve mais connue, sans savoir ce qui se cache, pour substituer l'émotion à la réflexion et la guider ainsi :

> • *Un développement durable est un développement qui satisfait les besoins de la génération actuelle sans compromettre ceux des générations futures.*

Traduction hasardeuse de *sustainable development*, nous savons qu'il faut, pour vivre au rythme des Européens, trois planètes. Le développement durable est un oxymore, une conjonction des contraires : car on pioche dans le volume fini de la Planète pour en faire une utilisation infinie pour l'Homme. Comment peut-on faire correspondre à cette définition *besoin des générations futures*, un état particulier du monde futur, pour quelle échéance, pour quel futur ? Il est difficile de connaitre et définir les besoins futurs à nos générations futures de façon univoque. Quels sont ces besoins ? On peut écrire l'équation mathématique des besoins, l'intégrer, jusqu'à quand, l'infini, dix ans, cent ans, mille ans, pour quelle population mondiale, sept milliards, dix milliards, plus, moins ? De vérifier que la planète possède sans arrêt les ressources renouvelables. Qui définira que les besoins pris en compte sont satisfaits ? Une idéologie, l'édile de la Cité, un despote, les antidémocrates, les partisans de la croissance ou ceux de la décroissance, des membres de la société civile ? Une évidence est claire, le développement durable ne pourra pas satisfaire les besoins individuels et collectifs sans aucune limite ; il n'y a pas de croissance matérielle continue comme si l'infini était à notre portée de main. C'est un oxymore, les objectifs pieux définis par ces institutions, sont antagonistes à d'autres objectifs, ici politiques. La notion de développement durable permet à l'élu, au candidat à un mandat, à l'économiste, à l'industriel de concilier l'inconciliable, un niveau de vie, une consommation soutenue, une croissance constante, une sauvegarde de l'environnement pour les générations futures, pour nos enfants, mais sûrement pas pour nos petits-enfants !

Une **association idéale** devient cette aubaine imaginée pour la Cité, pour soutenir l'édile de la Cité, car elle réunit tous les Citadins dans l'espace de leurs actions. Cette association réunit, ce que ne peuvent pas faire les spécialistes, ou experts, des besoins **individuels** et des besoins **collectifs** pour fournir des solutions tolérables par tous dans une moindre dissidence grâce à sa grammaire et offrir la meilleure probabilité de réussite pérenne du *"développement soutenable"* et construire la **Cité de 2050**. Son action se situe hors du ratissage de bulletins de vote qui définit la démocratie représentative ; elle n'a pas cette échéance dans son agenda. Elle est indépendante de cette démocratie représentative, car elle est une démocratie nouvelle. Elle permet une autorité inédite dans la Cité. Elle grandit autour d'échanges du savoir. En fait, pour mieux cerner et comprendre les besoins des générations futures, ce qui se passe ici, le citadin pense la Cité de 2050, et l'élite exécute. *"Telle religion, tel Prince"* est-ce un rêve, une utopie ? L'utopie permet l'espérance, elle construit pour accomplir la rupture nécessaire de cette transformation. Le mouvement de cette action n'est plus le laisser-faire, mais la progression vers un niveau supérieur de réalisation du vivre-ensemble, collectif, universel, sans frontières. Cependant, rien ne se fera sans effort à fournir, il y a des contraintes techniques. Prenons l'exemple des énergies où émerge ce paradoxe :

> - *Un monde énergétiquement vertueux est un monde compatible avec un développement durable et acceptable pour l'humanité. Or, tout développement humain est, par essence, non durable et génère des déchets.*

Que faire ?

1) Eviter d'accroître toute dépendance peu réversible à court terme avec les énergies faciles, stockées depuis des millions d'années (et de stock limité)

2)   Eviter de stocker plus des déchets (de toute nature, le CO2, le CH4, l'électro-chimie et le nucléaire en font partie) dont nous lèguerons la gestion aux générations futures.

– conclusions –

Ne sont-ils pas là, devant le dérèglement climatique dû aux activités humaines, il faut croire les scientifiques, devant l'accélération d'une révolution numérique, devant la croissance démographique de la planète, posés à plat, tous ces éléments complexes, ingérables, de désaccords, de conflits, mais aussi d'opportunités de réflexions intelligentes pour un futur meilleur pour tous dans la Cité ?

N'y a-t-il pas là, la bonne option de ne plus laisser l'avenir de la Cité aux princes-vedettes qui se l'approprient après leur élection, mais à la réflexion et l'imagination de l'intelligence collective des Citadins au travers de *"l'association idéale"* pour dessiner la Cité de demain dans une forme nouvelle de contrat social et civilisationnel d'une démocratie évoluée toujours en maintenant la vigilance critique dans l'espace public ; en s'adressant à l'intelligence collective, afin de sortir du pouvoir politique affadi ?

N'y-a-t-il pas là, une opportunité incroyable, pour le futur édile de la Cité qui saisira l'aubaine, de devenir *"conducteur par délégation"* de l'incubateur d'idées, voire celui qui débarrassera de vieilles croyances, l'imaginaire des citadins, en acceptant la création d'une architecture nouvelle de la Cité, cette fois, désirée par tous avec la contrainte du développement *"soutenable"*, en favorisant les liens subtils entre les Citadins à l'intérieur des interstices des temps nécessaires à l'action, avec le désir de fonder, pour l'avenir, une civilisation qui permette la qualité des relations humaines et non plus la quantité de besoins matériels, et ne plus laisser la gestion des déchets aux générations futures ?

N'y-a-t-il pas l'opportunité de remettre un peu de ruralité, d'esprit de village, des liens sociaux, de la solidarité et la fraternité pour sauvegarder ce qui est encore sauvable de la citadinité et de la démocratie ?

Ainsi naîtra la Cité de 2050, avec la conception fondamentalement féminine, maître de son chapitre.

Fréjus, Septembre 2019

Table des matières